U0734622

羽毛球训练图解

126 个练习快速提升基础与实战技巧

[日]高濑秀雄 著

刘丹丹 译

人民邮电出版社

北 京

INTRODUCTION

前言

羽毛球运动作为奥运会比赛项目，一直备受关注，教练和选手们的目标也都是"冲击奥运会"。一方面，我们总能听到有人说"羽毛球不从小抓起就出不了成绩""初学者根本不行"，另一方面，我们也能听到"初中才开始打羽毛球的某人实力真是不容小觑""在高中开始打羽毛球的选手中她的进步是最快的"这样的话。这些说法都集中在"什么时候开始打羽毛球"这一问题上。选手们除了在比赛中比技术之外，从这些话语间也能感受到他们在练习环境和背景方面也在暗中较量。

我在学校时学过英语。如今，在"全球化"的背景下，"学英语要从娃娃抓起""学习语法和口语没什么意义"这类口号喊得很响亮的同时，"初高中学生的英语能力在下降""讨厌学英语"这类现象却在不断增长。这两个话题是不是让你有一种似曾相识的感觉？

提起学习英语，我们在不断的摸索中慢慢建立了"适合自身的学习方法"。羽毛球的训练也应该如此，要以学校的社团为中心，不断地摸索适合自身的训练方法，形成持久性的培养选手的体系。

以我的经验来看，比起"什么时候开始学习"，更重要的是"如何开始训练"。在指导训练的过程中，对"不畏挫折"这一意识的培养也很重要。如果一心只想"赢得比赛胜利"，选手本人也是非常痛苦的，而且很可能物极必反、只输不赢。在本书中，我提倡"享受羽毛球运动"这一理念，不要再想着"一定要赢"才是"胜利的第一步"。回顾我的教练生涯，这种情况发生过无数次，指导每位选手的过程对教练来说都是新的体验。不断学习，重视积累，是教练生涯中不可忽视的部分，只有这样才能培养出优秀的选手。

选手和教练都会面临的一个重要问题，就是"如何打好羽毛球"。选手的个人天赋和练习环境差异很大，就像"一把钥匙只能开一把锁"这个道理一样，训练每位选手的方法也不尽相同。在本书中，我总结了自己到目前为止在训练社团选手中的一些羽毛球教学经验，供读者参考。

到底什么样的教练才能称为好的教练？如果本书能为你提供一些建议，我将非常荣幸。

高濑秀雄

CONTENTS 目录

第3章 基本技术综合练习

第4章 双打练习

给第一次尝试和想再次尝试的选手们

无论你是第一次拿起球拍踏进"羽毛球王国"的"菜鸟",还是有意再次重返这片场地的老手,这本书都有适合你的部分。

你首先要做的是随便翻开一页,尝试书中的练习项目;如果可以顺利完成就请继续,有问题的话可以翻到前面的内容寻找原因。但是,根据我个人的经验,向别人请教才是最迅速地找到问题并获得解决思路的途径。

"孤狼独战"确实值得赞赏,但是大家一起在宽松活跃的气氛中相互切磋,有问题可以互相学习和交流,拥有这样深刻的记忆也是不错的体验。

打羽毛球是一件痛苦的事情吗?不,是一件幸福的事。打羽毛球的幸福在于"想提高个人打羽毛球的技术""想多打一会儿羽毛球""想和朋友一起打羽毛球"这三个方面。

愿你能在和同伴们的欢声笑语中,在与同伴的互帮互助中,感受到打羽毛球的幸福。

写给教练

学习打羽毛球有别于一般的认知性学习。认知性学习的要求是了解并记忆,比如英语单词需要你去背诵;而学习打羽毛球的要求不是抽象的理论,了解再多的理论而不会运用,都是纸上谈兵。

以学骑自行车为例。刚开始学骑车的时候，不是家长在后座扶着，就是自己带上辅助轮练习。家长教孩子骑车的技巧也只是以自身经验为基础，表达的意思并不总是那么到位，孩子可能因无法理解而迟迟学不会骑车。

还有些家长没有耐心，孩子稍微做得不好就训斥，然后把自己弄得很累，最后只能默默地看着孩子自己去学习骑车。而这个时候却是孩子最好的学习时期。永不言弃的孩子会在旁边默默地继续练习，摸索其中的技巧。

身为一名教练，听到的这样教孩子学习运动技术的例子数不胜数。

教练在指导选手的过程中也不是一次到位的，而是在不断的尝试、实践和探索中成为一名更好的教练。

我的教学方法，主要有以下三个步骤：

①细心观察选手；
②随时思考，产生"灵机一动的想法"；
③与选手磨合，找到最佳方案。

这些内容在本书中我也将反复提及。

让我们和选手在不断的尝试中共同进步。

本书使用方法

本书在每个动作技术分析中综合运用了实例图片、示意图片、图标等形式。虽然你看了图片和方法说明就可以开始练习了，但我们会在书中更进一步地告诉你为什么需要这样练习，练习中需要注意的地方是什么。本书图片以右手执拍选手为例，左手执拍的选手需要调换一下左右位置。

▶ **清晰呈现学习的技能**

技能的作用以及训练时间清楚地列在右上角的位置。可根据个人情况选择性练习。

▶ **为什么要进行此项练习**

书中还有进行此项练习的重要性的说明。同时还提示了练习中的要点。

羽毛球典型击球类型

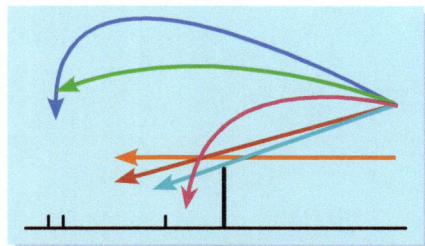

高远球	平高球	杀球
吊球	切球	平抽球

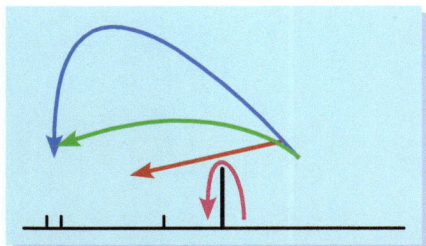

挑球(重)	低手位挑球	推球	网前球

第 1 章

基本打法

在比赛中，经常会看到高水平的羽毛球选手对羽毛球的飞行线路控制自如。
而自己拿起拍子时，却发现羽毛球并不总是那么听话。
你想成为一个能够控制羽毛球飞行线路的高手吗？
那么，请先从羽毛球基本打法开始练习。

主题 执拍和握拍

"执拍"和"握拍"的区别

凡是需要用到球拍的运动，都不可避免地面对同一个问题，就是如何"拿球拍"。"拿球拍"，有人会说"执拍"，也有人说"握拍"。"执拍"指的是手掌、手指与拍柄接触的位置；而"握拍"就是"执拍"时手腕的状态，通常有两种状态：一种是前臂处于自然状态（见第11页"握拍方式实例：东方式握拍"）；另一种是前臂稍稍内旋的状态（见第11页"握拍方式实例：西方式握拍"）。

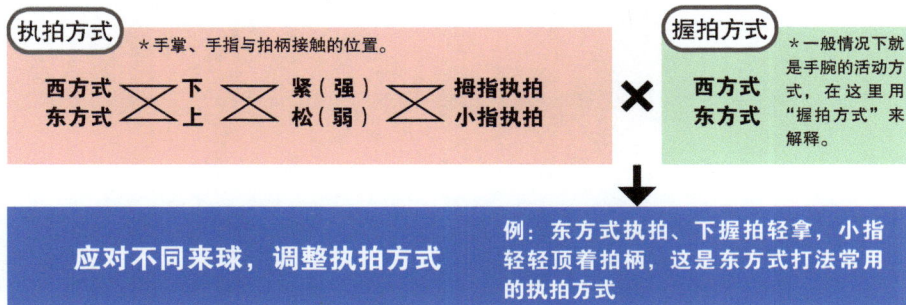

执拍方式 *手掌、手指与拍柄接触的位置。				握拍方式 *一般情况下就是手腕的活动方式，在这里用"握拍方式"来解释。
西方式 ╳ 下 ╳ 紧（强）╳ 拇指执拍 东方式 上 松（弱） 小指执拍			✕	西方式 东方式

↓

应对不同来球，调整执拍方式	例：东方式执拍、下握拍轻拿，小指轻轻顶着拍柄，这是东方式打法常用的执拍方式

握拍方式和执拍方式的关系

在现场练习中总能听教练说"手掌不要打开"。听到教练这么喊，选手会意识到自己的拿拍方式成了西方式。"西方式"指的是"执拍方式"还是"握拍方式"（抑或两者兼有）？这是一个值得探究的问题。当然还有在击球的一瞬间从东方式转换为西方式的情况。开始打球时不但要注意挥拍动作，还要注意执拍方式，熟练之后再注意提高挥拍速度。只有用恰当的握拍方式应对不同来球，才能提高击球质量。

拇指伸直贴在拍柄的宽面上是握拍中的一个特例

▲ 反手发球时把球拍框往外转，拇指伸直贴在拍柄的宽面上，另外四根手指并拢

? 为什么很重要？

首先了解各种执拍方式

在实际操作中有许多执拍（握拍）方式，根据不同打法和来球情况要不断调整姿势。在此之前，应该先了解"存在这样的执拍方式"，并在练习中不断了解各种执拍方式的重要性。

▼ 执拍方式实例

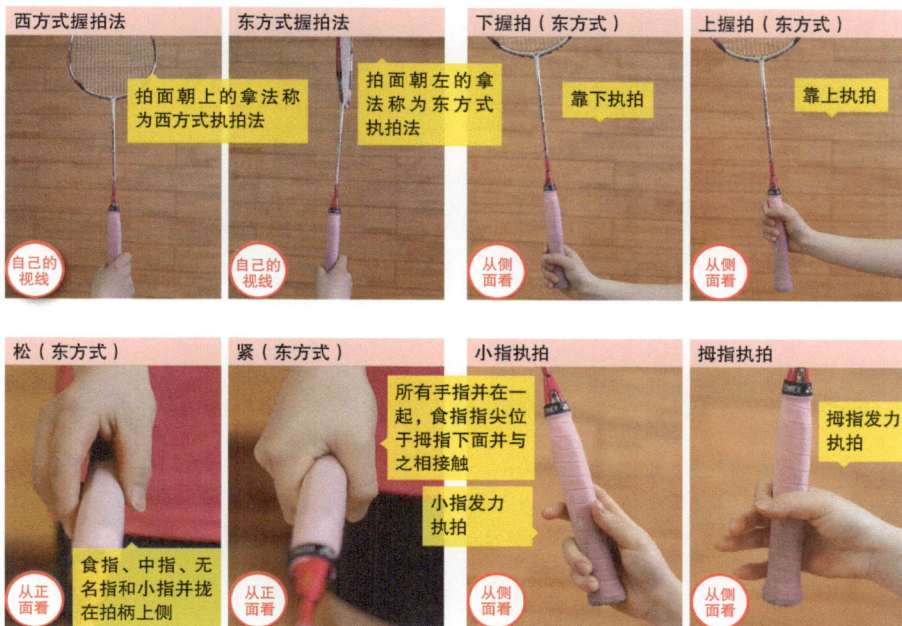

| 西方式握拍法 | 东方式握拍法 | 下握拍（东方式） | 上握拍（东方式） |

西方式握拍法 — 拍面朝上的拿法称为西方式执拍法

自己的视线

东方式握拍法 — 拍面朝左的拿法称为东方式执拍法

自己的视线

下握拍（东方式） — 靠下执拍

从侧面看

上握拍（东方式） — 靠上执拍

从侧面看

松（东方式） — 食指、中指、无名指和小指并拢在拍柄上侧

从正面看

紧（东方式） — 所有手指并在一起，食指指尖位于拇指下面并与之相接触

从正面看

小指执拍 — 小指发力执拍

从侧面看

拇指执拍 — 拇指发力执拍

从侧面看

▼ 握拍方式实例

西方式握拍

从手背看 从手掌看

前臂稍稍内旋的状态

东方式握拍

从手背看 从手掌看

前臂处于自然状态

内旋运动是什么

手腕向内转动（手心向内的逆时针转）称为内旋运动。

内旋 ← → 外旋

要点建议

学习击球的顺序

从挥空拍开始练习，接下来击打旗子或布面练习，然后是个人多球训练，循序渐进地进入比赛实战的状态。建议初学者要在这样一步步的学习中，掌握好羽毛球基本技法的每个技巧。

基本打法

基本步法

基本技术综合练习

双打练习

单打练习

模拟比赛

训练计划和方案

可以掌握的技巧
▶ 基础巩固
▶ 进攻练习
▶ 防守练习
▶ 综合能力

头顶球

目标

初学者要放开胆子挥拍

合适的挥拍需要执拍和握拍方式的配合。总能看到初学者担心打不到球的情况，从最开始的握拍就十分在意"是不是西方式握拍"。对此我的建议是初学者首先要尝试大胆挥拍。有些人"肩没有完全打开"，想要练习挥拍就需要先进行抛球练习，增加肩膀的灵活性。除了抛球练习外，接下来要介绍的"挥棒子"也是练习挥拍的一种方法。

Menu **001** 挥棒子

次 数 **10次**
选手水平 初学者 ▮▮▮▮▯▯▯▯▯▯ 高水平选手

方法 把棒子看作球拍，并假想挥动棒子重重打向地面。

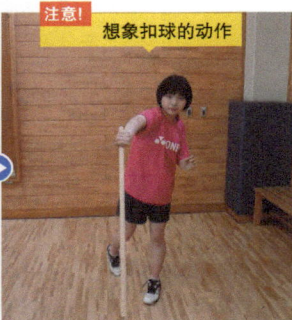

注意！ 想象扣球的动作

要点 确认挥棒时的"执拍"动作

检查挥棒时的"执拍"动作。打头顶球用"东方式执拍"更容易发力。

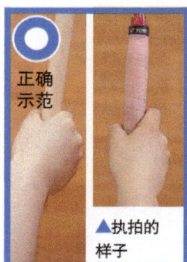

正确示范

▲执拍的样子

过度关注能否打到球的话就会变成右图的执拍方式

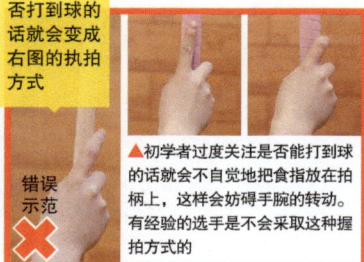

错误示范 ❌

▲初学者过度关注是否能打到球的话就会不自觉地把食指放在拍柄上，这样会妨碍手腕的转动。有经验的选手是不会采取这种握拍方式的

? 为什么很必要？

关注挥拍过程

先不关注能否得到球，而是将注意力集中在挥拍过程上。只有提高挥拍速度，才能将最大力量作用于羽毛球。球速快，才是自己占据主动并让对手陷入被动的制胜武器。用棒子进行挥拍练习，可以专注于手指和手腕的使用。击打旗子或布面也是练习挥拍的一种方式。

以身体为中心"画圆"

引拍时，挥拍动作如同画圆，不同的挥拍动作画的圆大小不同

引拍是在击球前的挥拍动作。引拍时身体和手腕从收缩的状态展开。也许有人告诉你，引拍是"调动全身的力量进行击球的前奏"。但引拍时如果身体失去平衡，就无法将力量传递到球拍。"画圆"时

保持身体平衡很重要。感受画大圆、中圆和小圆时挥拍方法的不同，并按照画从大到小的圆的顺序练习击球前的动作。

3种画圆运动

以上半身为圆心，臂长为半径画圆

以肘部为圆心，前臂为半径画圆

以手腕为圆心，手掌为半径画圆

大　中　小

要点　惯性顺联下一个动作

"3种画圆"的动作之间要有连续性，用"惯性"衔接是关键。

教练手册

从动作的连接点开始练习

3个画圆动作的衔接不单单靠手臂的挥动，还需要身体其他部位的配合，才能使引拍过程流畅。引拍中的难点在于"大圆"与"中圆"、"中圆"与"小圆"之间如何衔接。教练在指导选手的时候也应该从如何衔接画"圆"动作开始。

13

画圆的动作

目标

Menu 002 挥空拍

可以掌握的技巧

▶ 基础巩固
▶ 进攻练习
▶ 防守练习
▶ 综合能力

次数 **10次 × 组数**

选手水平 初学者 ▮▮▮ 高水平选手

方法

不带球练习，以身体为中心画圆，练习打头顶球的空拍动作。

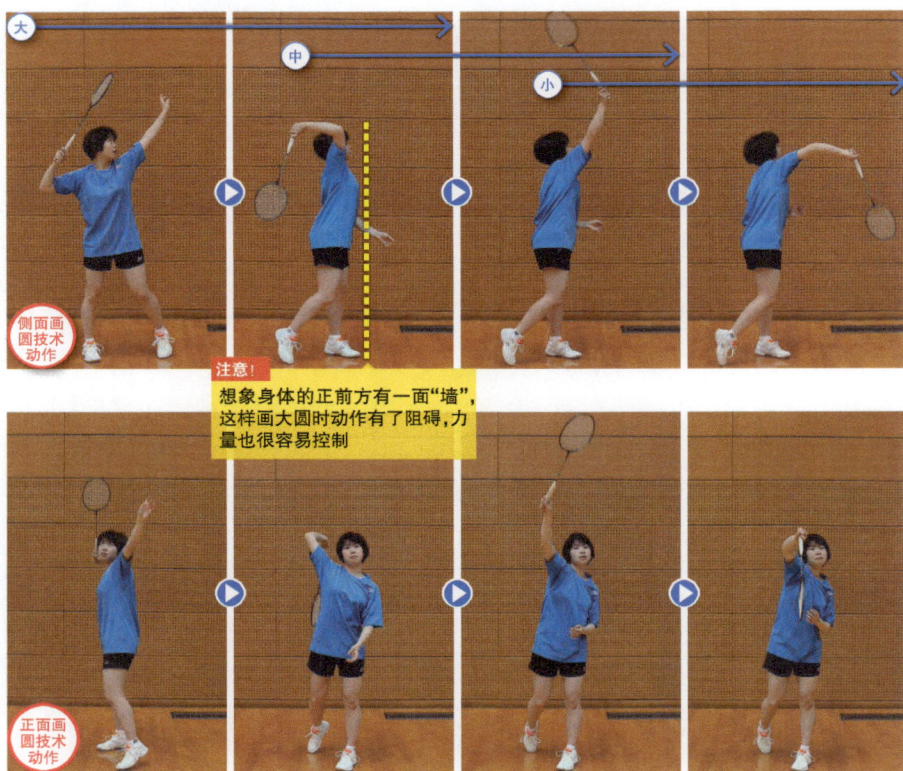

大 / 中 / 小

侧面画圆技术动作

注意!
想象身体的正前方有一面"墙"，这样画大圆时动作有了阻碍，力量也很容易控制

正面画圆技术动作

要点 从画大圆向画小圆流畅衔接

3种画圆运动，引拍的时候是画"大圆"，接近击球的时候是画"中圆"，击球的瞬间是画"小圆"。

挥拍时不同的"圆"与"圆"依靠惯性力量衔接。

让挥拍更加有力

目标

Menu 003 带步法挥空拍

可以掌握的技巧

▶ 基础巩固
▶ 进攻练习
▶ 防守练习
▶ 综合能力

次数 **10次 × 组数**

选手水平 初学者 ▮▮▮▮▮ 高水平选手

方法 上半身的动作技术与 Menu 002 相同，练习时加上步法。

注意!
注意步法和挥拍是"连贯的"动作

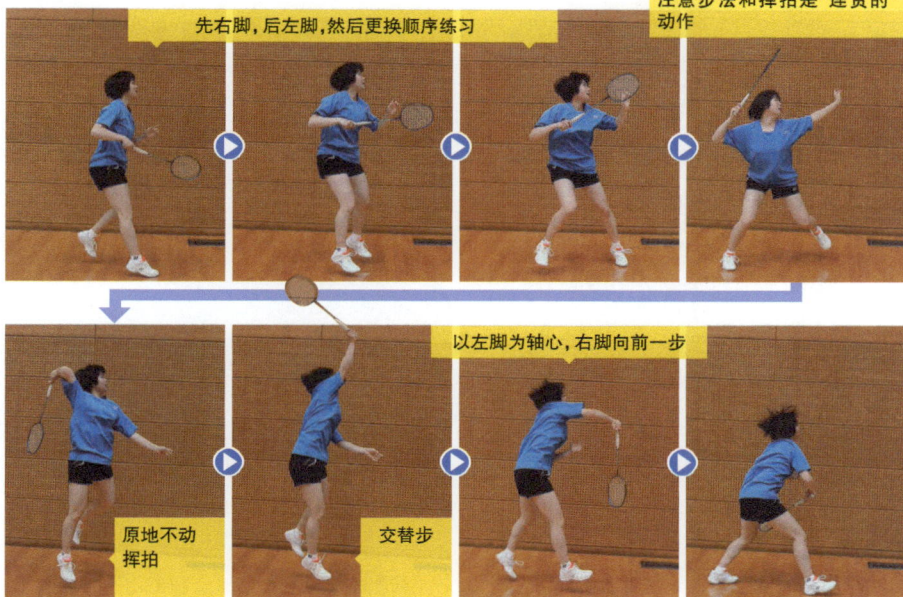

先右脚，后左脚，然后更换顺序练习

以左脚为轴心，右脚向前一步

原地不动挥拍

交替步

👆 **要点建议**

有多种画圆方式

画圆运动需要身体各个部位协调配合

一提起"画圆运动"，就不得不提，既有双臂向相同的方向旋转画圆的运动，也有向相反的方向旋转画圆的运动。无论哪种画圆运动都是为了保持身体平衡，提高挥拍时的速度，使击球变得更加有力。打球时都是侧身的，如果不举起左手（选手右手执拍），重心就会向后移动，有时还会出现因不举起左手而被球弄得头昏眼花的情形。所以，举起左手击球不仅能起到保持身体平衡的作用，还能保持执拍手的协调性。

▼ 整条手臂的画圆运动

对称　　　不对称

▼ 用前臂的画圆运动

对称　　　不对称

基本打法

基本步法

基本技术综合练习

双打练习

单打练习

模拟比赛

训练计划和方案

15

固定动作训练的过程中,调整击球瞬间的动作技术

可以掌握的技巧
▶ 基础巩固
▶ 进攻练习
▶ 防守练习
▶ 综合能力

次 数　10次 × 组数

选手水平　初学者　高水平选手

Menu 004 击打旗子

方法 ▷ 一人在较高位置手执旗子,选手运用挥棒子时的技术要领,击打旗子的布面。

注意!
打旗子打得准会有清脆的击打声音

错误示范
旗子位置低

▲ 旗子位置低的话击球位置点也会降低,手臂动作容易走形

要点

画圆挥拍动作的流畅性

挥空拍时要有意识地画3种不同的圆。同时,为了增强击球时的力度,也需要步法的配合。拿旗子的人通过选手击打旗子时的声音检查选手动作技术是否到位,并及时反馈给选手。拿旗子的人和选手可以交替练习。

? 为什么很重要?

体会"步法带来的力量"

为了重重地打在旗面上,你肯定会屈膝蓄势,起跳后击打旗面。在这一过程中感受"步法带来的力量"。

进阶训练

跳起来打旗子

打旗子能发出清脆的声音,就意味着选手已经掌握了步法。提高旗子的高度,就意味着选手需要跳起来击打。我们的终极目标是可以跳起来击球。

挥拍之前屈膝蓄势,重心向下

利用地面产生的反弹力量挥拍

挥拍动作分解

目标

起跳后将所有力量聚集在球拍上

高水平选手之所以可以更好地发力挥拍，其秘诀就在于他们的"脚底功夫"。灵活地运用步法，挥拍时能产生巨大的能量。从准备姿势开始，聚集的所有能量，都能够作用在小小的羽毛球上，

只有这样才是高质量的回球。左右手、视线和3种画圆动作的连贯性配合，才能使每一个动作都很到位。

力从脚底生

羽毛球选手数野健太（译者注：日本男子羽毛球选手，现役日本国家羽毛球队成员。）

顶点处力量最大

把力量传递给球拍

基本打法

基本步法

基本技术综合练习

双打练习

单打练习

模拟比赛

训练计划和方案

目标 有意识地画圆击球

<table>
<tr><td rowspan="5">可以掌握的技巧</td><td>▶ 基础巩固</td></tr>
<tr><td>▶ 进攻练习</td></tr>
<tr><td>▶ 防守练习</td></tr>
<tr><td>▶ 综合能力</td></tr>
</table>

Menu **005** 个人多球练习
①坐打羽毛球

| 次 数 | 10次 |
| 选手水平 | 初学者 ▮▮ 高水平选手 |

方法

坐在健身球上，向上抛球，打头顶球。

要点

想象网球的发球要领

虽然下半身无法自由活动，但我们可以利用双臂间的配合保持身体平衡。抛球时联想网球的发球动作。

Menu **006** 个人多球练习
②站打羽毛球

| 次 数 | 10次 × 组数 |
| 选手水平 | 初学者 ▮▮▮ 高水平选手 |

方法

脚不动，转动膝盖和腰进行击球。

要点

练习画"中号"圆和"小号"圆

利用膝盖和腰部的转动保持身体平衡，练习画"中号"圆和"小号"圆。注意从"中号"圆到"小号"圆动作的流畅衔接。

Menu 007 个人多球练习 ③带步法击球

选手水平 初学者 ▮▮▮▮▮ 高水平选手

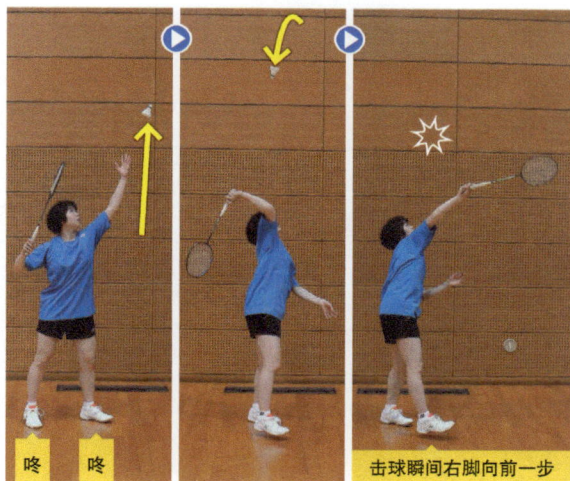

咚 咚

击球瞬间右脚向前一步

方法

右脚后撤，向上抛球，随后右脚向前迈的同时大力击球，抛球的位置不合适的话就不能找到恰当的击球位置，也就没有什么练习效果，最好的练习击打位置是在头顶正上方。

❌ 错误示范

羽毛球位置在头顶斜上方容易使身体失去平衡

▲击球位置不在头顶上方的话就没有练习效果，最好的抛球位置是在头顶上方。

进阶训练　**掌握脚落地的节奏**

先进行分解慢动作练习。左右脚先后着地，然后抛球并起跳，落地时右脚在前。熟悉了整个流程之后就可以练习两脚"同时起跳"并击球了。结合一下排球的扣球动作进行练习。

? **"个人多球练习"为什么很重要?**

一个人也能进行练习的实例

熟练的头顶球需要"步法"的配合。同时，左手的投球动作也是打头顶球时的一个保持身体平衡的动作。当然这也是"一个人"就能进行练习的代表动作。

正确示范

左手配合

❌ 错误示范

左手没有配合

📢 **教练手册**

喊出声音，让选手适应上下半身的配合

上半身动作和下半身动作的配合不是一件简单的事情，这时候就需要教练喊出声音，提醒选手掌握好上下半身配合的节奏。

基本步法

基本技术综合练习

双打练习

单打练习

模拟比赛

训练计划和方案

可以掌握的技巧	▶ 基础巩固
	▶ 进攻练习
	▶ 防守练习
	▶ 综合能力

目标	**找准击球位置,用力回球**

Menu **008** 抛球练习
①正前方扣球

次 数	10次 × 组数
选手水平	初学者 ▮▮▮▮▯▯▯▯▯▯ 高水平选手

注意!
正前方扣球

方法

前面的学习都是为最后这一步击球做准备。供球者近距离抛球,选手先练习扣球。

要点

注意引拍时画一个从"中"到"小"变化的圆

接球的同时注意动作的变化,要画一个从中到小的圆。

? 为什么很重要?

放松地打球

手抛球练习是为了让选手熟悉击球前的手上动作,并且有意识地做好动作后再打球。要想真正掌握技术要领并放松地击球,请先从正前方扣球开始学习。

教练手册①

初学者从使用乒乓球拍开始

怎么都打不到球的情况下就先用乒乓球练习打羽毛球。因为球拍杆比较短,容易找到手感。

教练手册②

敲击的声音很有效

最初敲击的声音是在"选手打了好球"的时候发出的。教练给予的肯定让选手明白了自己击球的最佳时机。教练在选手接球时喊一声,打得好的话再喊一声"OK",这也是教练和选手交流的一种方式。

Menu 009 抛球练习 ②打高远球

方法 ▶

选手运用高远球的技术要领，就是将抛向自己的来球尽可能向对方球场后场击打。

🔔 **要点**

注意变化，画从大号→中号→小号的圆击球

一方面要注意控制画圆时的力量，另一方面也要注意击球的方向。高远球需要向上打，所以拍面需要后仰。击球点应选在握拍手肩的上方。图片中为了提醒选手控制力量而专门设立了目标墙。

? 为什么很**重要**?

熟悉打高远球的动作技巧

选手在被动状态下，经常需要打高远球来为自己争取更多返回球场中心位置的时间。所以需要加强有力度的高远球的练习。

Menu 010 抛球练习 ③打目标球

方法 ▶

在对方场地放置羽毛球筒等目标物，然后向着目标位置击球。

? 为什么很**重要**?

击打目标物也是为了让身体各部分熟悉动作技术

目标物的位置可能提醒选手身体运动方式的转变。图片中，为了提醒选手上臂内旋这一动作而将目标物放置于对方场地的左侧。渐渐地把目标物放置在接近对方底线的位置是为了加大内旋的力度。

基本打法

基本步法

基本技术综合练习

双打练习

单打练习

模拟比赛

训练计划和方案

　　羽毛球运动中头顶球的击球方式很多。也正因为如此，在比赛中打好头顶球很重要。打好头顶球不是简单地挥一下拍子，还需要注意握拍方式、视线位置，利用另一只手臂的动作保持平衡，以及利用步法增加挥拍力量等。

✕ 容易犯错误的地方

没抬起肩膀回球

例-1

击球时没有左手配合

例-2-A　　例-2-B

　　无论是初学者还是有一定经验的选手，总会犯正手击球点位置过低这样的错误。挥空拍的时候也许能很好地控制拍面，但在实际比赛中却很容易把拍面压得过低，使球拍的运动轨迹成一条直线。

　　为了保持身体平衡，左臂配合挥拍的动作也很关键。左臂僵硬，没有完全展开或者发力错误，甚至完全没有发挥左臂作用的例子也是数不胜数。

○ 改善方法

抛高球打高球

　　在打高远球的时候需要将每个动作做充分，教练才可以帮你分析每一个动作。因为抛球位置高所以选手需要侧身后仰，为了保持身体平衡就会抬起左臂。供球人要尽量抛高球以便选手熟悉双臂的配合动作。如果动作做得好要立即给选手表扬。同时在选手击球的时候，教练应喊出"一、二、三"，让选手找到做动作的节奏感。

基本打法

基本步法

基本技术综合练习

双打练习

单打练习

模拟比赛

训练计划和方案

| 目标 | 反手击球 |

可以掌握的技巧

▶ 基础巩固
▶ 进攻练习
▶ 防守练习
▶ 综合能力

羽毛球击球方式繁杂，需要针对性练习

日常生活中需要用到反手动作的地方很少，再不加以练习的话更难掌握。对于初学者而言，在正手和反手练习方面，应该更加注意反手动作的训练。

Menu **011** 反手发球

| 次 数 | 10次 × 组数 |
| 选手水平 | 初学者 ▮▮▮▮▮▮▯▯▯▯ 高水平选手 |

方法 有攻击性地发球。

要点 **拇指贴拍杆**

反手发球时把球拍框往外转，拇指伸直贴在拍柄的宽面上，食指、中指、无名指、小指并拢。

？ **为什么很重要？**

容易击球

反手发网前球的时候拍面距离羽毛球很近，所以很少空拍练习。想象一下实际中可能需要的击球方式。

教练手册

模仿高水平选手的动作

在学员较多的时候，让水平高的选手先进行动作练习，并提醒其他学员进行"模仿学习"。在不断的模仿学习中初学者也会掌握击球时的技巧。这种练习方式也是提高初学者水平的有效措施。

目标 **反手球并不难**

▶ 基础巩固
▶ 进攻练习
▶ 防守练习
▶ 综合能力

可以掌握的技巧

Menu **012** **个人多球练习**
（捡球后打球）

次数	10次 × 组数
选手水平	初学者 ▮▮▮▮▮▮□□□ 高水平选手

方法 用拍子或手捡球，并反手打向目标位置。

💧 **要点** **改变握拍方式**

用拍子捡球和打球时的握拍方式是不一样的。在形成固定动作前要注意这一点。

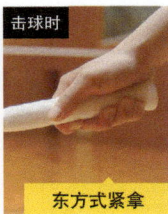

捡球时

东方式松拿

击球时

东方式紧拿

? **为什么很重要？**

积累打球数量的练习

练习反手击球虽然很花费时间，但为了不让反手成为比赛中的个人短板，需要充分利用空闲时间一个人练习这样。

Level UP!

练习不同情况下的击球

设定不同情况的目标位置进行击球练习，可以提高个人对球拍的控制能力。在使用比赛场地练习时，最好把目标位置定在对手场地，通过这种练习找到比赛的感觉。同时，计算击打相同数量的羽毛球的时间，检查自己打球时的状态。

注意！

打出有弧度的球是比较难的，需要掌握好手指与拍柄的位置然后击打

目标 增强反手击球力量

可以掌握的技巧
▶ 基础巩固
▶ 进攻练习
▶ 防守练习
▶ 综合能力

次　数	10次 × 组数
选手水平	初学者 ▐▐▐▐▐▐　　　高水平选手

Menu 013 击打旗子

方法 像打头顶球的规则一样，反手击打旗子的布面。

注意!
手臂与球拍保持直角进行击打

要点

打出清脆的声音

一使用反手击打旗子，如果姿势正确，旗子发出的声音更清脆。为了制造出这种声音请好好练习。练习中前臂与球拍成直角，同时前臂稍稍外翻有助于反手动作完成。

? 为什么很重要?

习惯手背动作

用手背的力量刚开始会不习惯，习惯了就会非常有用。男选手联想拳法中的"反手一击"可能更容易理解。用手背打气球可能也可以增强手背的灵活性。

Level UP!

改变旗子的高度

通过改变旗子高度进行不同高度位置训练。最初将旗子放在较低位置进行低手位反手击球练习，最后是将旗子位置调整到高手位处进行反手练习。

基本打法

基本步法

基本技术综合练习

双打练习

单打练习

模拟比赛

训练计划和方案

25

控制好反手球

目标

可以掌握的技巧

▶ 基础巩固
▶ 进攻练习
▶ 防守练习
▶ 综合能力

次　数　10次 × 组数

选手水平　初学者 ▮▮▮▮▯▯▯▯ 高水平选手

Menu 014 抛球多球练习

方法

供球人先抛位置低的网前球，选手练习用反手打对角线球，然后循序渐进练习打目标位置球。

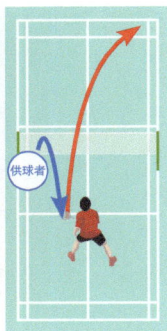

要点

从较低位置点开始进行击球练习

开始进行反手练习并不那么容易，那么首先从难度较低的低手位置反手击球开始练习，供球者渐渐提高抛球高度，选手练习不同高度的反手位击球。

? 为什么很重要？

将反手练得跟正手一样

掌握了反手的握拍以及挥拍方式后，就尝试一下头顶反拍击球。理想状态是头顶反拍击球也能像头顶正手击球一样有力度。再用正手试一试，看两者有没有区别。

Level UP!

从网前后退

为了找准反手击球点，最开始在网前进行练习，渐渐后退至后场，需要练习在球场不同位置的反手位击球。

球网附近

反手后场

挥拍动作分解

目标

高水平选手出色的头顶反拍击球秘诀
身体前倾，控制肘部高度，注意球拍和手腕间的角度

对于初学者而言反手击球很难，头顶反拍击球更是难上加难。而高水平选手则可以像打正手头顶球一样顺畅地进行头顶反拍击球。看图片的同时注意观察选手身体前倾的程度、肘部高度，注意球拍和手腕间的角度。准备动作，拍柄底部对着来球，曲肘准备发力；前臂挥动发力，由于手臂伸直肘关节锁定而使前臂突然停住。此时放松的手腕由于惯性将拍头猛然甩出。

丹麦羽毛球选手维克托·阿萨尔森
（译者注：2016年里约奥运会羽毛球男单季军）

基本打法

基本步法

基本技术综合练习

双打练习

单打练习

模拟比赛

训练计划和方案

　　简单来看，球场的左半边是反手区域的话，右半边就是正手区，理论上正手和反手的使用频率是1比1。如果不擅长反手击球的话则正中对手下怀。所以要加强反手击球练习，才能消除不擅长反手这种想法，渐渐地能习惯反手击球，也就能很好地控制反拍。所以要不断练习反手的握拍和挥拍。

❌ 容易犯错误的地方

只画大圆挥拍

例-1

　　虽然胳膊伸展得很开，挥拍的圆也画得很大，力度却没有很强，这是因为只画了"大号"圆，而没有注意挥拍画圆大小的变化。

拇指紧贴拍柄平面

例-2

　　在击球过程中拇指紧贴拍柄平面的话，拍面朝下，不能以对角线回球。

⭕ 改善方法

进行横向球的练习，检查手腕、手和手指的位置

　　接横向球的时候，拍杆的位置和前臂的位置大致成直角。球拍头朝上。固定肘部位置，以前臂为轴心向外转动球拍，打平抽球。这时，用拇指侧面贴住拍柄的斜面或者棱，然后转动球拍。用小指顶住拍柄，画"中号"和"小号"的圆，灵活地转动手和手腕。

侧手球

目标

可以掌握的技巧

- ▶ 基础巩固
- ▶ 进攻练习
- ▶ 防守练习
- ▶ 综合能力

基本打法

基本步法

基本技术综合练习

双打练习

单打练习

模拟比赛

训练计划和方案

有时需要打平抽球

来球是平高球的时候打侧手球，侧手球一般用平抽的打法。为了做到这一点，你可以想象棒球运动中的投手准备向本垒扔球的动作。挥拍力量方面和头顶球一样，也需要用到画大圆和惯性。

Menu **015** 带步法挥空拍

次　数 **10**次 × 组数

选手水平 初学者 □□□□□□□ 高水平选手

方法 双脚踩实，练习正手方向和反手方向重心转换的同时挥空拍。

注意！
脚踩实并击球

正手

反手

注意！
脚踩实并击球

? 为什么很**重要**？

双打中的常见动作

先正手方向迈一步，再练习反手方向迈一步（蹬转步）。循序渐进地假想羽毛球在2步远以外的地方，进行两侧的平抽球步法和挥拍动作练习。

恰当引拍,增加击球力量

目标

可以掌握的技巧
▶ 基础巩固
▶ 进攻练习
▶ 防守练习
▶ 综合能力

Menu **016** 挥8字空拍

次　数 **10**次 × 组数

选手水平　初学者　高水平选手

方法　在自己的胸前画8字

要点　**想象各个击球**

挥拍的时候要想好是用正手还是反手。从下往上击球时要用下手位击球,从上往下打球的时候一方面要考虑用正手还是反手,另一方面从上往下的击球,无论是高远球,还是吊球和杀球,虽然动作技术方面略有不同,但用力方面都很相似,所以要联想"杀球"动作。不论哪种都要画"小号"圆,手腕发力。

？　**为什么很重要?**

学会引拍

打侧手球的时候需要球拍向回球方向但拍面有所回撤。也就是"引拍"。练习引拍的最好方式是在身前画8字。

要点建议

引拍

击球时虽然是让球拍向对手方向运动的,但同时也要让球拍向相反方向做回撤的动作。就像用鞭子打东西,感觉拍子的击球路线有了一定弧度。如果仅仅使用前臂的力量是不能使球飞到很远的地方的,同时调动手腕,肘部回撤球拍击球。

拍面向着回球方向但拍面有所回撤

侧手球②击打旗子固定动作

在边线用稳定的动作打平抽球

目标

Menu **017** 击打旗子

可以掌握的技巧
▶ 基础巩固
▶ 进攻练习
▶ 防守练习
▶ 综合能力

次数 10次 × 组数

选手水平 初学者 ⬛⬛⬛⬛⬛⬜⬜⬜ 高水平选手

基本打法

基本步法

基本技术综合练习

双打练习

单打练习

模拟比赛

训练计划和方案

方法 将旗子放在选手斜前方，选手击打旗子

正手

反手

🔶 要点

固定住横向动作后击球

反复练习手臂平行于地面的位置时击球。同时脚处在运动的状态。周围的人专门制造些噪声模拟真实的场景。

❓ 为什么很**重要**？

双打中多用平抽球

在双打中对选手会经常打平抽球。在球网附近有时也需要打平抽球。

Level UP!

更换旗子位置

即使在同一侧边线也有很多个击球位置。对于不同的高度可以用相同的动作击球。

抬高旗子位置

降低旗子位置

把旗子位置放后场

把旗子位置放前场

31

目标 巩固动作强化训练

可以掌握的技巧	▶ 基础巩固
	▶ 进攻练习
	▶ 防守练习
	▶ 综合能力

次　数　**10次 × 组数**

选手水平　初学者 ┃┃┃┃┃┃┃┃┃ 高水平选手

Menu 018　抛羽毛球

方法　用手抛球，练习侧手球

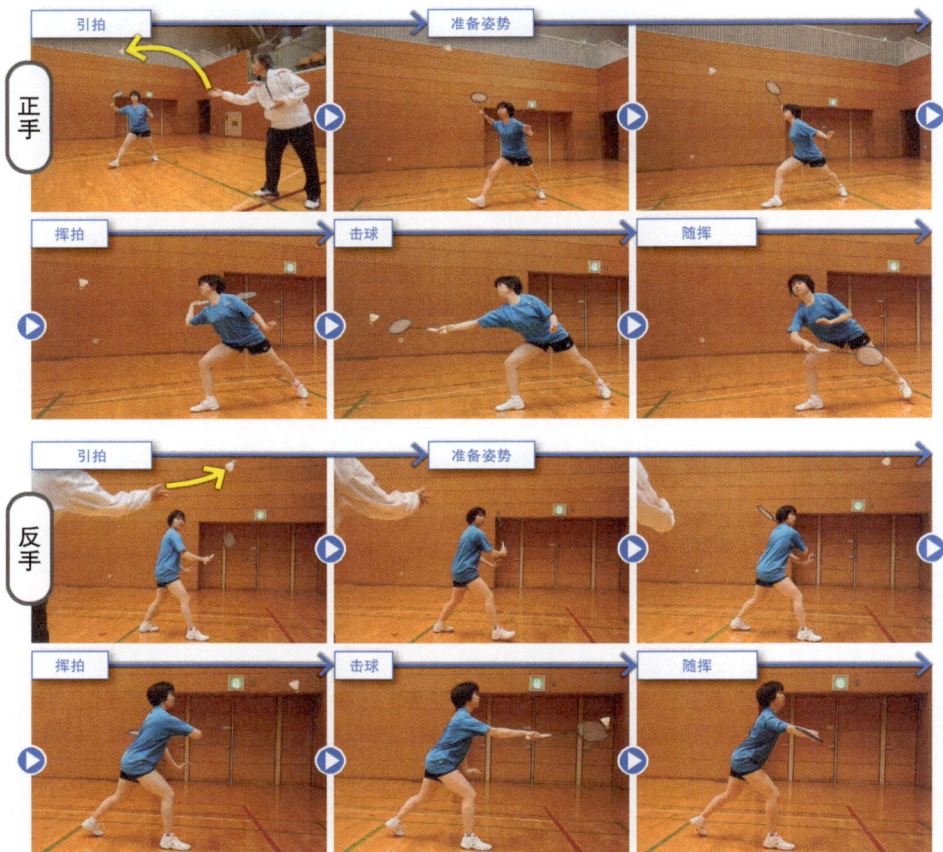

正手　引拍　准备姿势

挥拍　击球　随挥

反手　引拍　准备姿势

挥拍　击球　随挥

球场周围的人需要用声音配合，但注意不要碰到球

要点　注意力量的连贯性

右脚踩实，以身体为中心画平行于地面的"大圆"，在击球的瞬间前臂做强有力的回转。在挥拍的一瞬间将所有连贯性动作的力量都作用在这小小的羽毛球上，将球打到更远的地方。侧手球和头顶球恰当运用，就能给对手制造出有攻击性的回球。

基本打法

基本步法

基本技术综合练习

双打练习

单打练习

模拟比赛

训练计划和方案

侧手球多出现在双打比赛中，挥拍的同时可能因为身体失去平衡，而造成失误。年轻选手在单打比赛中也可能出现同样的状况。所以首先要稳定横向挥拍的动作。横向挥拍身体稍稍向一侧倾斜，失去身体平衡的原因大多是选手将注意力集中在手上，而忽视了脚上动作。

✗ 容易犯错误的地方

脚上动作没有完成就击球

因为击球心情急切，经常有选手脚上动作还没做到位就开始击球。这样会导致击球重心偏离到身体外侧从而失去平衡。击球时的基本顺序是先步法，再手上动作。右脚踩实地面后再挥拍。教练员应该观察选手的动作，并帮助选手分析失去平衡的原因。

○ 改善方法

右脚向前伸出后击球

先做好接球时的准备姿势，右脚向边线迈出一大步（反手时左脚迈出一大步）。供球者抛球，选手回球。熟悉了这个步法动作后，练习移动步法并出脚回球。接下来练习需要移动更长距离后的击球动作。当然，不要忘了两侧边线都要练习。

低手位击球

主题

可以掌握的技巧
- ▶ 基础巩固
- ▶ 进攻练习
- ▶ 防守练习
- ▶ 综合能力

正手和反手都需要步法配合

低手位击球指的是羽毛球来球位置在腰以下进行的击球。不论是正手还是反手都要注意步法。低

手位击球作为被动状态下的回球在比赛中是很常用的。

Menu **019** 带步法挥空拍

次　数	10次 × 组数
选手水平	初学者 ▮▮▮▮▯▯▯▯▯ 高水平选手

方法 在正手和反手位置迈脚，转移重心的同时挥拍。

正手

反手

要点

逐渐扩大步幅

最开始迈一小步，渐渐地要将步幅扩大。大步幅是为了击打位置低于膝盖的球。

？ 为什么很重要？

掌握一连串动作的节奏

为了将球打到对方后场位置，需要掌握"冲刺跑 & 停止 & 挥拍"这样的节奏。一定要注意"先步法后挥拍"。

基本打法

基本步法

基本技术综合练习

双打练习

单打练习

模拟比赛

训练计划和方案

| 目标 | **个人多球练习低手位击球** |

可以掌握的技巧	▶ 基础巩固
	▶ 进攻练习
	▶ 防守练习
	▶ 综合能力

| 次数 | 10次 × 组数 |
| 选手水平 | 初学者 ▮▮▮▯▯▯▯ 高水平选手 |

Menu 020 发长球

| 方法 | 用正手打低手位球的方式发长球。 |

要点

稳定拍面 控制击球点

这也是个人多球练习的一个项目。在有时间有场地的时候个人可以充分练习。也可以对墙练习。设定一个目标位置，然后发球，球要落在目标位置上，练习控制拍面和击球点。

? 为什么很重要?

抓住击球瞬间的感觉

正手的低手位发球是使用频率很高的发长远球的方式，也是初学者比较容易掌握的发远球的技巧。记住击球时的手腕动作并反复练习巩固。

要点建议

边迈步边发后场球

一般发长球的步骤是先伸出右脚再做挥拍。但是这样的分解动作不能把球打得很远。可以尝试一下"边迈出右脚"边发长球，随着右脚的迈出身体的重心会前移，手上的惯性力量也会增大。通过步法的力量传递给拍面，增加击球时的力度，无论是正手还是反手的低手位长球都适用。习惯了先移动后挥拍的打长球的方法后，练习一下这种打长远球的方法吧。"边迈步边发长球"的方法是相同的和低手位打长球的步法。

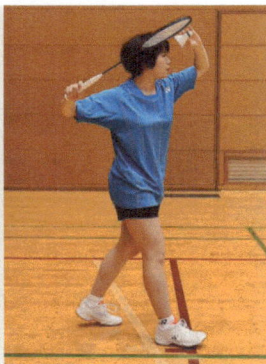

加强对低手位击球的控制

目标

Menu 021 手抛球

可以掌握的技巧	
▶ 基础巩固	
▶ 进攻练习	
▶ 防守练习	
▶ 综合能力	

次 数 **10**次 × 组数

选手水平 初学者 ▮▮▮▮▮▮▮▮▮ 高水平选手

方法

供球人在网前抛球，选手低手位击球。

要点

右脚踩实，挥拍击球

右脚踩实后再击球。设立目标位置是有效的练习手段。可以在对方后场放置篮子，注意击球时的动作。

? 为什么很**重要**?

救球时掌握身体平衡

救球经常是低手位击球，因为来球的位置很低，接球时身体失去平衡也是常有的事情。看年轻选手的比赛你会发现，虽然对方发的是网前球，如果用打头顶球的方式大力回球的话总会出界造成失误。

要点建议

正手击球时抖腕

正手打低手位球的时候如果整个胳膊发力则力量过大。这时用抖腕的方式比较容易控制挥拍力量。

低手位击球篇

基本打法

基本步法

基本技术综合练习

双打练习

单打练习

模拟比赛

训练计划和方案

在低手位救球时，选手因为身体失去平衡摔倒的例子很多。所以低手位击球也要注意适当运用画"大号""中号""小号"圆。练习时先画"小号"圆，动作定型后脚向前迈一步画更大的圆，练习到即使接球位置很低也能回球。

✗ 容易犯错误的地方

出脚错误＋画"大"圆动作

在打低手位球时首先迈出左脚就是错误的。无论何种情况向前迈一步的脚都是和执拍手同侧的。另外画一个大圆不容易将力量传递到球拍，球拍也难以控制。要交替画"大号""中号""小号"圆，击球最佳方案是画一个小圆将球打过去。

◯ 改善方法

从高位击球开始练习，渐渐降低高度

首先要注意哪只脚向前迈一步，然后保持这种状态进行多球练习。供球者开始抛球的位置要高一点，选手熟悉了这一动作之后要逐渐降低抛球的位置。位置高的球容易控制。同时喊着"左、右""一、二"，注意步法和挥拍动作的配合。

可以掌握的技巧

▶ 基础巩固
▶ 进攻练习
▶ 防守练习
▶ 综合能力

主题 球网附近的击球练习

练习球网附近位置的关键球

处理网前球，是羽毛球技术的重要组成部分。主要的打法有六种：扣球、变向轻扣、搓球、网前放小球、抽球、挑球。我们首先练习没有球网时的击球动作。

Menu 022 抛球多球练习之扣杀

次 数 10次 × 组数
选手水平 初学者 ▮▮▮▮▮▮▮▮▮ 高水平选手

正手

反手

方法

对方击回来的网前球刚过网，高度仍在网沿上面时，迅速上网挥击下压过去。

🔶 要点

用正手扣杀关键球

扣杀出界，或者被对手打回来，则说明此次扣杀质量不高。对自己来说是一个很大的打击。将球扣杀到对方的反手位置更容易得分。如果击球点位置很高，得分的概率会更大。

❓ 为什么很重要?

用关键球得分

"扣杀"是结束多拍对打的关键球。如果没有扣杀，比赛结束也就"遥遥无期"。由于扣杀速度快，飞行的路线又短，往往使对方来不及挽救，所以是威力最大的进攻技术。但是扣杀技术也需要练习才能很好掌握。

目标 抓住网前的机会球，使对手陷入被动局面

Menu **023** 抛球多球练习之变向轻扣

可以掌握的技巧
▶ 基础巩固
▶ 进攻练习
▶ 防守练习
▶ 综合能力

次　数　10次 × 组数
选手水平　初学者 ▭▭▭▭▭ 高水平选手

基本打法
基本步法
基本技术综合练习
双打练习
单打练习
模拟比赛
训练计划和方案

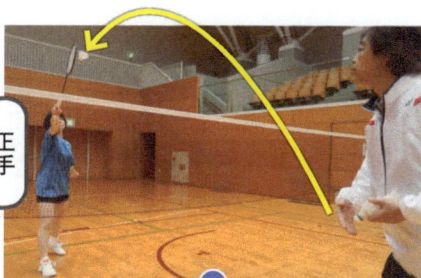
正手

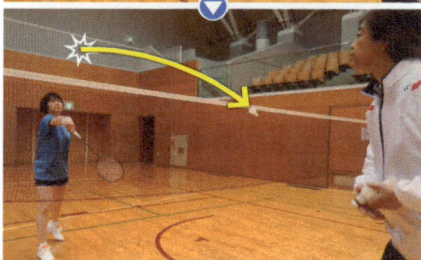

方法

在网前，用屈腕（或伸腕）的动作调整球拍角度，轻巧地将球回击到对方斜对角的网前区内。

正手

反手

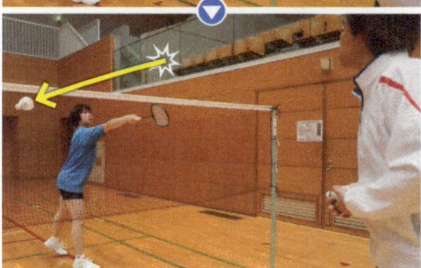

要点

在较高位置停球击球时，切球托侧面

?　为什么很重要？

可能是制胜一击

变向轻扣虽然没有扣球攻击性强，但也是得分的关键。尤其是半路截杀对手打来的位置较高的球，勾球时伸腕（或屈腕）动作要突然、短小、快速，使拍面对着出球方向。对手会因为没有观察到手腕动作而误以为是高远球。然后重心后移准备接球。而羽毛球掠网坠落，自己得分。

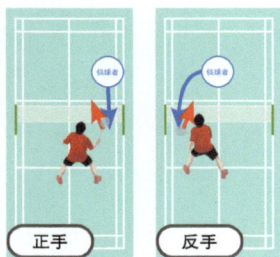

可以掌握的技巧	▶ 基础巩固
	▶ 进攻练习
	▶ 防守练习
	▶ 综合能力

目标 回归多拍对打练习

Menu **024** 手抛球之搓球

次 数 10次 × 组数

选手水平 初学者 ▮▮▮▮▮▮▮▮ 高水平选手

正手

正手

反手

方法

在网前用球拍切击球托，使球旋转翻滚越过网顶的击球技术。

正手

反手

▲反手搓球时，打对角球比较容易。供球者应站在对角线的位置上发球。

⚠ 要点

击球位置在球拍的三分之一处

击球位置应该是距离球拍顶部三分之一处。正手的时候从右向左的挥拍。连续练习搓球对个人技术的提高很有帮助。

❓ 为什么很**重要**？

限制对手击球方式

对手在旋转球旋转结束前不会轻易接球。而且旋转球一般会沿着球网方向坠落，不会飞到对手的后场，这时候对手一般都会挑高球，从而限制了对手的击球方式。在多拍回合中可以为自己的下次击球做准备。

◀反手搓球前也要以正手执拍，只在击球的瞬间转为反手执拍。挥拍时从右向左搓球。

由被动局面回归多拍对打

目标

Menu 025 手抛球之网前放小球

可以掌握的技巧
▶ 基础巩固
▶ 进攻练习
▶ 防守练习
▶ 综合能力

基本打法
基本步法
基本技术综合练习
双打练习
单打练习
模拟比赛
训练计划和方案

次　数　10次 × 组数

选手水平　初学者　高水平选手

正手 击球点位置低

正手 击球点位置高

反手 击球点位置低

反手 击球点位置高

方法

将网前区域内低手位置且离球网又有一定距离的球轻轻一击，使球擦网而过，同样落至对方网前区域。

垂直落地

反手　正手

要使球的飞行路线顶点在自己区域内

要点

尝试多种位置回球

尝试从不同的高度，前场不同的位置，回击对手放的网前小球。同时转换被动局面为主动局面。你可以假想自己陷入了被动局面，有时候球可能就要落地了，即使这种情况也要尝试回击。挥拍要使球飞行路线的制高点在自己的区域，并在对手的区域下落，最好是能垂直下落到地面。

? 为什么很重要?

击球位置低的时候需要放网前球

放网前球往往是选手在没能及时赶到较高位置上击球的情况下而被动使用的，但质量高的网前球也可以扭转被动局面。放网前球的关键在于严格控制托球的力量，托球的力量过大，球过网太高容易被对方扑击。放网前球后，球的位置高于球网也是可以的，重要的是球一到对手的区域时就要开始下降。最好是掠球网降落。

目标 做假动作多拍对打

可以掌握的技巧
▶ 基础巩固
▶ 进攻练习
▶ 防守练习
▶ 综合能力

次数 10次×组数
选手水平 初学者 高水平选手

Menu 026 手抛球之网前抽球

正手

反手

注意!
击球后保持手背对球

方法

当对方击来前场低球时，快步移动到适当的位置。最后一步以右脚向球下落的方向跨去，在右脚跨步着地的同时，主要靠前臂带动腕部作"抽鞭式"的闪动挥拍，将球抽向对方。

正手

要点 做好假动作

只有做好假动作才能得分。回球的动作要让对手感到"没有办法回球了"。

林丹（译者注：中国羽毛球男单选手。2008年北京奥运会、2012年伦敦奥运会男子单打项目冠军。）

? 为什么很重要?

放网前球的策略

要想让主动权掌握在自己手中就不要挑球而要放网前球。一般是打对角线球，打直线球也需要练习。

让对手退到后场，为自己创造机会

目标

可以掌握的技巧	
▶ 基础巩固	
▶ 进攻练习	
▶ 防守练习	
▶ 综合能力	

次　数	10次 × 组数
选手水平	初学者 ▬▬▬▬ 高水平选手

Menu 027 手抛球之挑球

正手

方法

把对方击来的网前球，挑高球回击到对方后场去。

正手

反手

要点 让球"弹回去"的感觉

如何把对手吸引到网前还是要多动动脑子的。打球的感觉不是发力将球击回而是让球落在自己的拍面被弹回。根据不同来球情况，在不同高度击球。

？ 为什么很重要？

有意识地"停下脚步"击球

不同于简单的进攻性回球，如果球擦网而落，本来往网前冲的对手也会"停下前进的步伐"。

◀右手执拍的选手，最佳方案是用反手打直线球，打在对方正手后场使对手挑球。这样在很大程度上限制了对手的会球方式。最佳位置是打在对方正手后场。

基本打法

基本步法

基本技术综合练习

双打练习

单打练习

模拟比赛

训练计划和方案

击打网前球的最主要目的是改变被动局面。击打网前球时，执拍方式、移动步法和技战术都是容易犯错误的地方。

接下来我们来看看常见错误实例，并学习一下纠正错误的办法。

❌ **容易犯错误的地方**

搓球放网时执拍错误

经常能看到选手搓球时，在球的正下方切击球托。这样会使整个羽毛球都旋转，达不到搓球的效果。

步法错误导致的姿势错误

网前打抽球时，经常看到选手出手的球拍位置在两脚的延长线上。这样是很难控制羽毛球打对角线的，身体平衡也容易破坏。

⭕ **改善方法**

切击球托侧面

切击球托侧面回击搓球。搓球方向是从右向左，羽毛球也容易飞对角线。

在两脚构成的直线内击球

在两脚构成的直线轴内击球容易控制球。反手击球也是同样的道理。一方面容易保持平衡，另一方面也利于脚步移动。

第 2 章

基本步法

只掌握手上动作还不能完全控制羽毛球，
步法也很重要。
在此介绍不同情况下的移动步法。
我们要像高水平选手一样在球场上灵活移动。

目标 了解步法移动类型

选择恰当的步法

学习打羽毛球的初级阶段需要掌握好步法。当你的脚下动作最少击球效果却最好时，你就会明白步法训练的重要性。提高羽毛球技术水平的一个方面就是提高移动步法质量。在此之前让我们了解一下正确的步法类型。

活动区域的移动步法

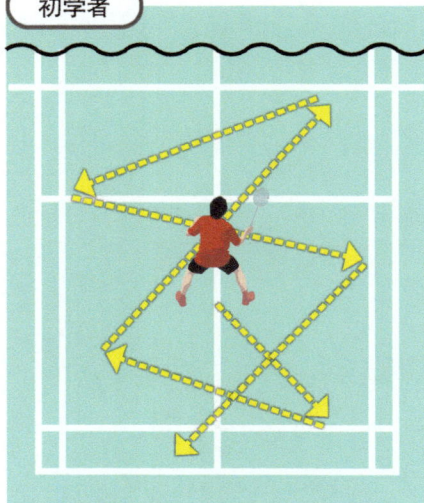

初学者

▲追随球的路线满场跑。

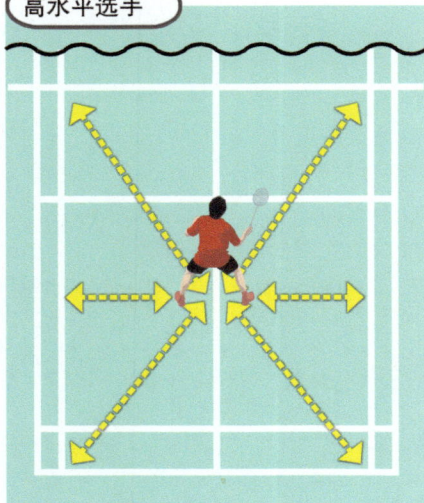

高水平选手

▲从球场中心位置移动并返回。

要点 移动步伐 "两步走"

打羽毛球是"移动"和"制动"两种动作的交替。击球前要在击球位置稍做停留，击球后立刻移动到下一个位置点。要习惯"移动"→"制动"→"移动"→"制动"这样的击球方式。

移动   制动   移动   制动

基本打法

基本步法

基本技术综合练习

双打练习

单打练习

模拟比赛

训练计划和方案

| 目标 | 移动重心 |

重心移动的步骤：①降低重心②移动重心③上提重心

为了接球我们有时可能只是伸出手和脚，这一过程分散了身体的重量。但是如果打距离自己位置较远的球可能只分散身体重量是不够的。这时"重心的移动"就变得十分重要。重心移动有三步，分别是降低重心、移动重心、上提（恢复）重心。让我们看看实际操作。

重心移动类型

①降低重心-A　当你准备向右侧跨步时，首先要做的是将重心移至你的左脚。向左侧跨步时，要将重心移至你的右脚。

①降低重心-B　当你准备后撤时应该首先屈腿。

②移动重心-A 想象一下你要一下搬起一个装满水的大铁桶是几乎不可能的，要移动这个铁桶你的做法应该是让铁桶底边的一部分与地面接触，然后沿着底边转动铁桶。移动身体重心也是这样的原理。

②移动重心-B 向左前方移动的一个步法。以左脚为轴心，右脚向后或向前做蹬转步。注意不要将轴心左脚拖走。

左脚是轴心脚

③恢复重心 轻轻地跳，快要从地面反弹的瞬间连接下一个动作。

③恢复重心（弹跳+旋转）-A　利用轻轻跳起后的力量左脚后撤，以左脚为轴心转动身体。

左脚是轴心脚

③恢复重心（弹跳+旋转）-B　利用轻轻跳起后的力量向右前方落下。

👆 **要点建议**

踹墙体会"反弹"这个动作

用脚踹墙是体会"反弹力"的一种方式。但是初学者在踹墙的时候容易犯的一个错误，就是"用腿上的力量去踹墙"。我们的重点是体会重心的移动。将腿伸直，才能体会反作用力。自己去体验一下，感受会更加真实。

正确示范

▲腿伸直的状态

错误示范

▲用腿上的力量

基本打法

基本步法

基本技术综合练习

双打练习

单打练习

模拟比赛

训练计划和方案

目标 从"启动步"和"回动步"开始练习

正确选择第一步的步法，可以提高多拍对打的质量

在移动步法中有很重要的两步。"一步"是在球面中心位置上，从准备接球姿势向击球位置出发，称为"启动步"；另"一步"是击球后，即刻向球场中心位置移动，以便在中心位置上做好迎击下一个来球的准备，称为"回动步"。如果能将"启动步"和"回动步"恰当使用，一方面可以为自己保持体力，另一方面对一次多拍回合中的回球质量也有明显提升的作用。另外，在移动过程中注意脚趾力量的使用、出脚方式的变化，从长远来看都是保护自己不受伤的有效措施。

📢 **教练手册**

启动步和回动步

启动步

回动步

对来球一有反应判断，即从球场中心位置上准备接球姿势转为向击球位置出发，所迈出的第一步称为"启动步"。我们也称为"中日步"也可以说，就是移动过程中的第一步。无论是平时的练习还是比赛中，许多队伍都在"启动步"上面下足了功夫。

击球后，应尽力保持（或尽快恢复）身体平衡，并即刻向个中心位置同撤一步，以便在中心位置上做好迎击下一个来球的准备，这里所迈出的第一步我们称为"回动步"。

很多队伍会采取让队员们纵向列队，练习各种步法的训练方式。回动步因其运动量小的特点，适合作为热身练习。而且在纵队里有初学者和高水平选手的，前者很容易模仿别人的动作。

练习的顺序是先回动步，后启动步。后面的章节我们将具体介绍启动步和回动步。

基本打法

基本步法

基本技术综合练习

双打练习

单打练习

模拟比赛

训练计划和方案

_{主题} 启动步

快速迈出第一步

从中心位置上准备接球姿势转为向击球位置出发，所迈出的第一步称为"启动步"。启动步分为幅度大和幅度小两种。

Menu **028** ### 分开步
（幅度大，动作慢 / 幅度小，动作快）

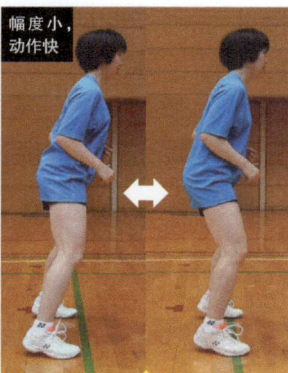

时间	5~15 秒
选手水平	初学者 ▮▮▮▮▮▮▮▮ 高水平选手

幅度大，动作慢

幅度小，动作快

起跳后双脚尽量分开，落地时轻盈。

起跳后双脚分开距离略小，落地后迅速再次起跳恢复原状。能够听见鞋底和地面摩擦的声音。

方法

跳起后双腿横向分开，然后恢复原状。

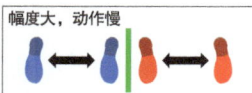

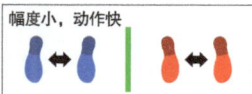

幅度大，动作慢

幅度小，动作快

Menu **029** ### 双脚前后跳
（幅度大，动作慢 / 幅度小，动作快）

时间	5 ~ 15 秒
选手水平	初学者 ▮▮▮▮▮▮▮▮ 高水平选手

幅度大，动作慢

幅度小，动作快

方法

双脚同时前后跳。跳跃幅度小的时候以场地内两条线的宽度为标准进行练习。

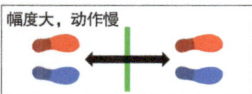

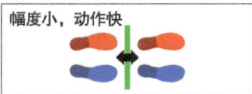

幅度大，动作慢

幅度小，动作快

脚尖摩擦地面

51

030 横跨步
（幅度大，动作慢 / 幅度小，动作快）

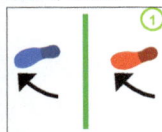

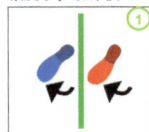

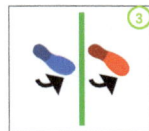

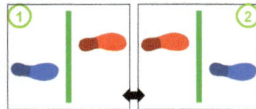

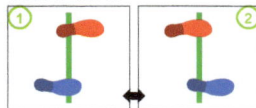

时间	5 ~ 15 秒
选手水平	初学者 ▓▓▓▓▓▓▓▓ 高水平选手

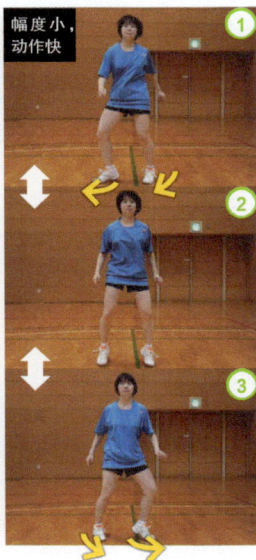

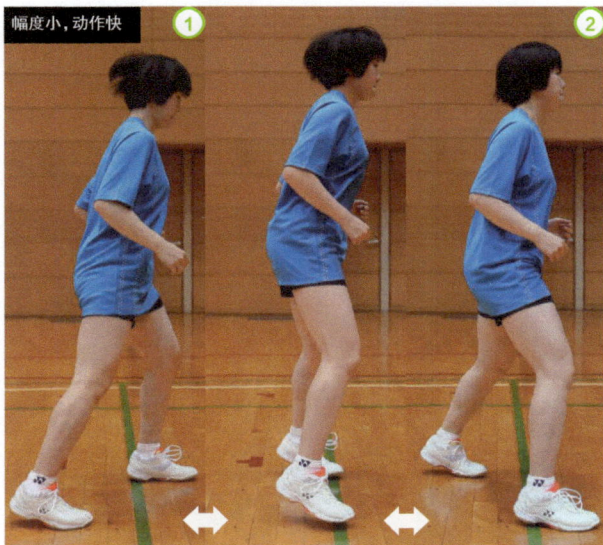

幅度大，动作慢

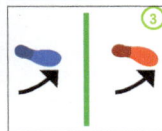

幅度小，动作快

方法

当来球在右侧距身体较近时，左右双腿交叉站立，脚尖朝水平方向。

幅度大，动作慢　　幅度小，动作快

基本姿势　　　　　基本姿势

031 前后交替步
（幅度大，动作慢 / 幅度小，动作快）

时间	5 ~ 15 秒
选手水平	初学者 ▓▓▓▓▓▓▓▓ 高水平选手

幅度小，动作快

方法

膝盖微微弯曲，起跳后在空中交换前后脚位置。大幅度交替步时两脚间距离大于两脚长度，小幅度交替步时两脚间距离约等于肩宽。

幅度大，动作慢

幅度小，动作快

基本打法

基本步法

基本技术综合练习

双打练习

单打练习

模拟比赛

训练计划和方案

Menu **032** 蹬转步

时间	5 ~ 15秒
选手水平	初学者 ▮▮▮▮▮▮▮▯▯▯ 高水平选手

方法

以一脚为轴，另一脚向后或向前做蹬转步。

右脚蹬转步

以右脚为轴心

左脚蹬转步

以左脚为轴心

Menu **033** 并步

时间	5 ~ 15秒
选手水平	初学者 ▮▮▮▮▮▮▮▮▮▯ 高水平选手

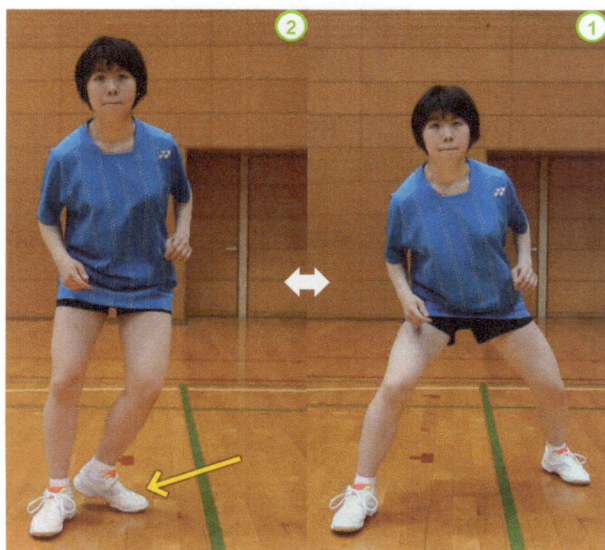

方法

右脚向前（或向后）移动一步时，左脚即刻向右脚跟并一步，紧接着右脚再向前（向后）移动一步，称为并步。两只脚的关系就像是自行车的前后轮，右脚是前轮，左脚是后轮，前轮带动后轮。

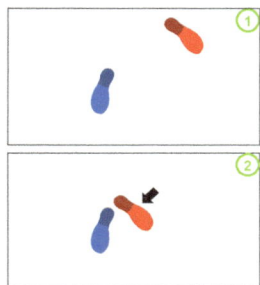

53

回动步

主题

利用球场空间进行回动步练习

利用球场的空间进行各种回动步练习。高水平选
手在前，初学者在后，初学者模仿前面的人的动作。

| Menu **034** | 左右交替步
（幅度大，动作慢 / 幅度小，动作快） |

距离	往返半场或全场
选手 水平	

方法

沿着球场端线进行左右交替步练习。当右（左）脚向右（左）迈出一步后，
后脚跟进，起跳后右（左）脚向右（左）再迈出一步。先出左脚或者先出右
脚都要进行练习。大幅度左右交替步需要用力上跳，练习小幅度左右交替
步时要蹭着地面移动。

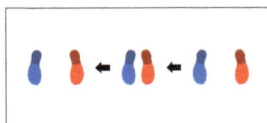

幅度大，动作慢

幅度小，动作快

基本打法

基本步法

基本技术综合练习

双打练习

单打练习

模拟比赛

训练计划和方案

🔊 ▶ 教练手册

练习目标

与练习回动步时相同，也要分别进行"大幅度"和"小幅度"的练习。初学者可以从大幅度的练习开始。在体能练习的时候，三人为一纵队，以两个人练习，一个人等候的标准进行。初学者适应以后进行小幅度练习。

联想实际操作

羽毛球步法有很多种，刚开始学习步法的时候可以进行无球练习，即使进行无球练习时，也要注意是在练习羽毛球的动作。通过脚步练习，反复巩固拍打球的感觉。注意观察在什么样的打法时使用什么步法，同时注意学习高水平选手的动作技术。

Menu **035** **交叉步**
（幅度大，动作慢 / 幅度小，动作快）

| 距离 | 往返半场或全场 |
| 选手水平 | |

▶ 方法

左右脚交替向前、向侧边或向后移动为交叉步。

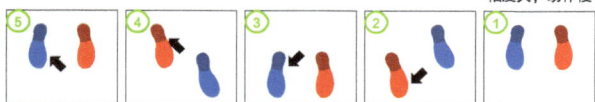

幅度大，动作慢

幅度大，动作慢

注意！
身体不保持平衡才容易做交叉步。

→ 第61页 ▲前交叉步步骤

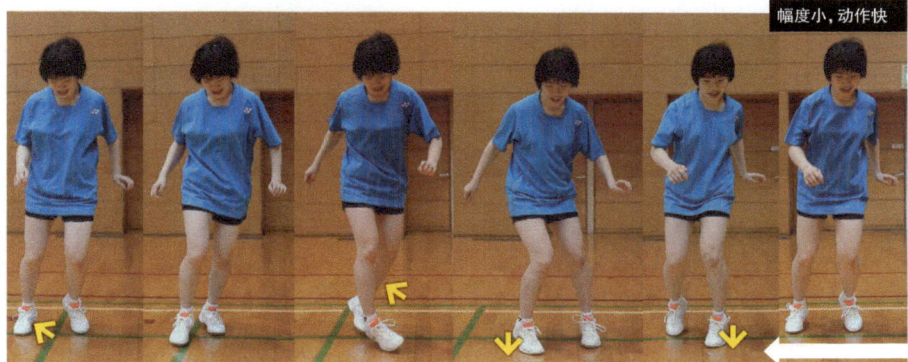

幅度小，动作快

Menu **036** 内旋抬腿
（向前方）

方法 左右交替内旋高抬一侧大腿并前进。

Menu **037** 外旋抬腿
（向后方）

方法 左右交替外旋高抬一侧大腿并后退。

56

Menu 038 踢腿

方法

左右脚高踢腿同时不断前进。

距离	往返半场或全场
选手水平	初学者 ▮▮▯▯▯▯▯▯▯▯ 高水平选手

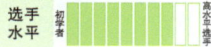

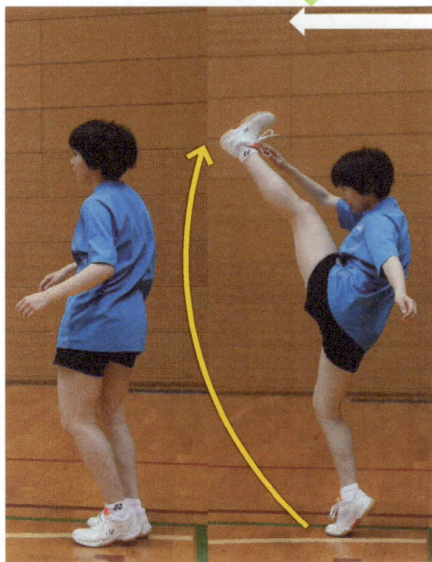

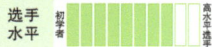

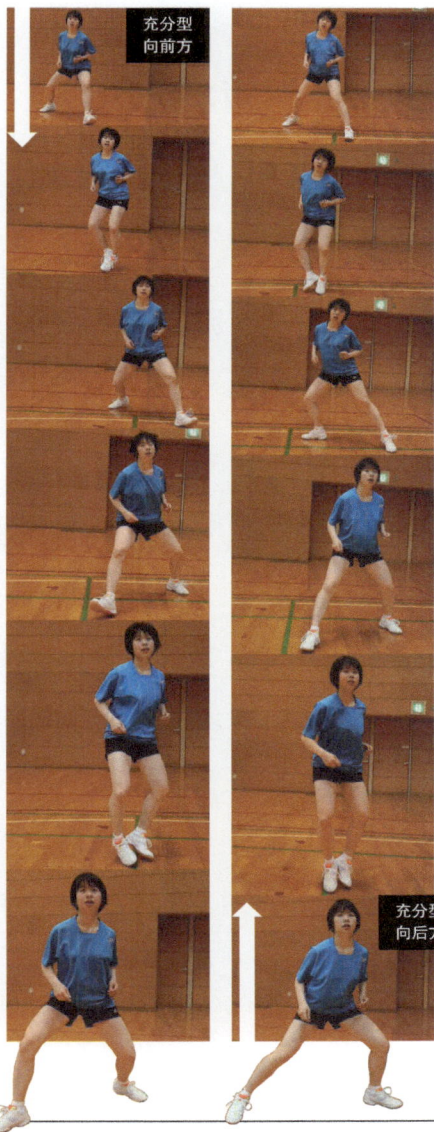

Menu 039 滑步（向前 / 向后）

方法

两脚轻轻向上弹跳，将重心调至右脚，左脚迅速蹬地向前迈出一步，当左脚刚着地时，右脚加速蹬地向前跨出，左腿用力使右脚向前大跨一步，着地时，以右脚跟、脚掌外侧的顺序着地。

距离	往返半场或全场
选手水平	初学者 ▮▮▯▯▯▯▯▯▯▯ 高水平选手

充分型
向前方

充分型
向后方

基本打法

基本步法

基本技术综合练习

双打练习

单打练习

模拟比赛

训练计划和方案

主题 **两步步法**

两步步法要加强横向移动练习

横向移动是两步步法中必不可少的要素。良好的横向跳跃是连接动作的关键。在两步步法中先介 | 绍热身练习。

Menu **040** 重复横向跳

| 距离 | 往返半场或全场 |
| 选手水平 | 初学者 ▮▮▮▮▮ 高水平选手 |

方法 ▶ 充分练习横向跳跃。

Menu **041** 蹬转步

| 距离 | 往返半场或全场 |
| 选手水平 | 初学者 ▮▮▮▮▮ 高水平选手 |

方法 ▶ 分别以左右脚为轴心在底线间进行蹬转步练习。

以右脚为轴心　　　　　　以左脚为轴心

Menu **042 交叉步**

方法 以 2~4 人为一组，在场地内围绕一个圆做交叉步练习。练习中随时改变方向。

▲图片为顺时针转逆时针。

Menu **043 滑步强化训练**

方法 以 2~4 人为一组，在场地内围绕一个圆做滑步练习。练习中随时改变方向。

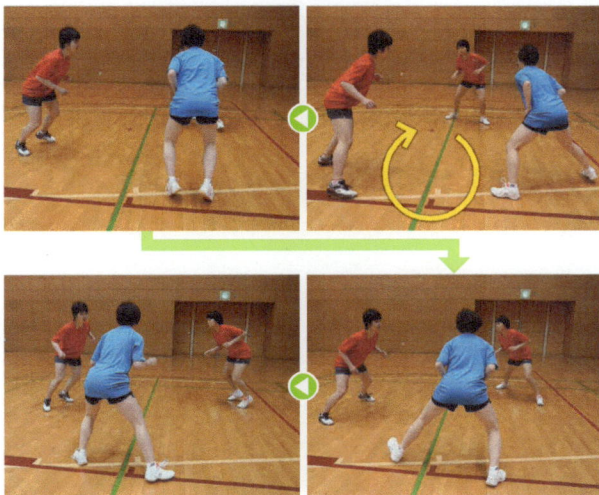

📢 **教练手册**

改变方向

以三人为一组，其中一人为组长，在练习过程中以拍手为信号换成反方向练习。这是为了适应比赛中球场情况突然变化时的反应速度。Menu042 也参照此方法进行。

随时拍手进行反方向的练习

基本打法

基本步法

基本技术综合练习

双打练习

单打练习

模拟比赛

训练计划和方案

目标 掌握分解步法动作

你知道在场地的不同区域该运用什么步法吗?

之前的讲解中我们重点强调了步法的基本要素——重心移动和基础步法,从这一节我们开始学习实际场地中的"步法模块"。步法模块也分很多种,在场地中移动位置的不同决定了使用不同的步法模块。对于初学者而言,只需要掌握移动到某个区域该使用什么具体的步法模块即可。

牢记场地内的数字

场地内的移动方向如右图①~⑨所示。练习的时候,如果教练指示移动到位置⑦,就是向正手方向,交叉步移动,这样分解后的指示很容易理解,有助于提高训练效果。

📢 **教练手册**

团队内的暗号

初中生和高中生的练习以团队练习为主。在这种情况下,团队内的暗号有助于提高训练效果。

👆 **要点建议**

步法多样化

前文所介绍的步法也只是其中很小的一部分。从当前位置向前移动了一步还是两步(或是后退了一步还是两步),这样的移动目的是什么,对于站位的选择会有什么样的帮助,也就是说,我们在打球的时候不但要明确个人现在的情况和击球目的,还要揣摩对手的策略,随时调整步法。例如,同样是向正手方向移动两步,如下一页图中所示,就有很多种基本步法组合。高水平选手可以在短时间内做出判断,对于初学者而言,先要理解这些步法模块,然后反复练习并固定成个人动作。

主题 上网步法（正手方向）

Menu 044 蹬跨步（步幅大 / 步幅小）

次 数	每组 3~10次 × 组数
选手水平	初学者 ▓▓▓▓▓▓▓▓ 高水平选手

步幅大

步幅小

方法

启动后左脚后蹬，接着侧身，右脚向球的方向跨出一大步击球。

Menu 045 前交叉步

次 数	每组 3~10次 × 组数
选手水平	初学者 ▓▓▓▓▓▓▓ 高水平选手

方法 启动后，左脚向前迈一步，紧接着左脚后蹬，侧身将右脚向球的方向跨一步，到位击球。

Menu 046 后交叉步

次 数	每组 3~10次 × 组数
选手水平	初学者 ▓▓▓▓▓▓▓ 高水平选手

方法 启动后，左脚向右脚后交叉一步，左脚一着地就马上用力后蹬，侧身将右脚向球的方向跨一步，到位击球。

基本打法

基本步法

基本技术综合练习

双打练习

单打练习

模拟比赛

训练计划和方案

61

主题 上网步法（反手方向）

Menu 047 垫步加蹬跨步上网步法

次　数　每组3~10次 × 组数

选手水平　初学者　▮▮▮▮▮▮▮　高水平选手

方法 右脚先向来球方向迈出一步，紧接着左脚垫一小步，同时右脚抬起，利用左脚的蹬力蹬跨出一大步，到位击球。

Menu 048 两步蹬跨步

次　数　每组3~10次 × 组数

选手水平　初学者　▮▮▮▮▮▮▮　高水平选手

方法 启动后，左脚先朝球的方向迈一步，紧接着左脚后蹬，侧身使右脚朝球的方向跨出一大步。

📢 **教练手册**

左脚不要后撤

反手上网中，移动重心是关键。同时，两步上网法中左脚的步法更是关键。初学者在启动后总是习惯左脚后撤一步，我认为这后撤的一步也是"糟糕的一步"。选手向反手方向移动时，实际上实质性的移动也只有一步。如果左脚再后撤一点就有可能不能到达击球位置。教练要注意提醒选手。

左脚向前 ◀

左脚后撤 ◀ ❌ 错误示范

62

基本打法

基本步法

基本技术综合练习

双打练习

单打练习

模拟比赛

训练计划和方案

Menu **049** 前后交替后蹬步

次　数	每组 3~10 次 × 组数
选手水平	初学者　　　　　高水平选手

方法 膝盖微微弯曲，起跳后在空中交换前后脚位置，落地后右脚迈出一步。

Menu **050** 蹬跳步上网步法

次　数	每组 3~10 次 × 组数
选手水平	初学者　　　　　高水平选手

方法 在上网扑球或向两侧移动突击杀球时，以领先的脚（或双脚）起跳，做扑球或突击球。

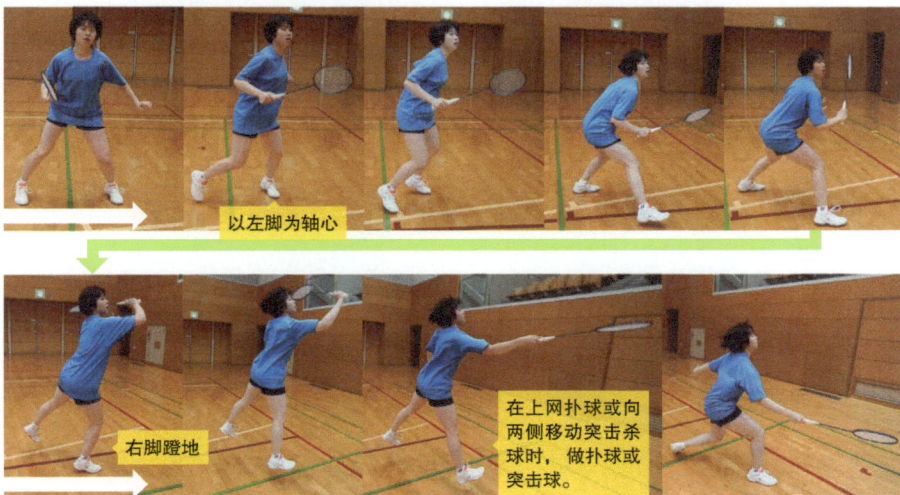

以左脚为轴心

右脚蹬地

在上网扑球或向两侧移动突击杀球时，做扑球或突击球。

主题 后退步法（正手方向）

Menu 051 跳步后退步法

次数	每组3~10次 × 组数
选手水平	初学者 —— 高水平选手

方法 启动后，以左脚前掌为轴心，髋关节及上体在快速向右后方转动的同时。右脚向右后蹬转后撤一步，紧接着右脚向后方蹬地跳起，上身后仰角度较大，凌空完成击球动作。

返回中心位置时用滑步调整

咚

Menu 052 跳步交替后退步法

次数	每组3~10次 × 组数
选手水平	初学者 —— 高水平选手

方法 启动后，以左脚前掌为轴心，髋关节及上体在快速向右后方转动的同时，右脚向右后蹬转后撤一步，紧接着右脚向后方蹬地跳起，上身后仰角度较大，凌空完成击球动作。此时，左脚在空中做一个交叉动作后先落地，上体收腹使右脚着地时重心落在右脚上，便于左脚迅速回动。

注意！ 空中完成交替步，步法力量可以传递到击球瞬间

咚

咚

📢 **教练手册**

用简练的语言指导选手

后退步法不是一成不变的，需要根据来球情况进行调整。高水平选手可以根据经验很快决定采取什么样的移动方式，对于初学者则需要告诉他们该如何去做。根据我的指导经验，可以用"咚"这样的拟声词形象地传达动作信息。

基本打法

基本步法

基本技术综合练习

双打练习

单打练习

模拟比赛

训练计划和方案

Menu **053** 侧身后退一步

次　数	每组 3~10 次 × 组数	
选手水平	初学者	高水平选手

咚

咚

方法

启动后，以左脚前掌为轴心，右脚往右后侧蹬转后退一步，接着右脚再后撤一步（重心移到右脚上），成侧身对网姿势。要听到脚落地"咚"的声音。

◀下落时如果仍有调整空间，对于很男选手会选择双脚同时落地，这样击球更容易发力。

Menu **054** 交叉步后退步法

次　数	每组 3~10 次 × 组数	
选手水平	初学者	高水平选手

方法　左脚即刻往身后交叉后退一步，紧接着右脚再向左后场退一步（重心落在右脚上），左脚跟进一小步，成为上体后仰侧面对网的姿势。

后退到后场底线时采取此步法

👆 **要点建议**

左脚在前接球与右脚在前接球！

从球场中间侧身接球，球员此时的动作应该是左脚在前，右脚在后，侧身对网，重心放在前脚上。也有的接球准备姿势是右脚在前，左脚在后。

左脚在前

右脚在前

以左脚为轴心

65

后退步法（反手方向）

主题

Menu 055 跳步后退步法

次 数 每组 3~10 次 × 组数

选手水平 初学者 ▮▮▮▮▮▮ 高水平选手

咚

方法

左脚先向左后方退一步，髋关节及上体在快速向右后方转动的同时右脚向后退一步，紧接着右脚向后方蹬地跳起，凌空完成击球。

Menu 056 二步反手后退步法

次 数 每组 3~10 次 × 组数

选手水平 初学者 ▮▮▮▮▮▮ 高水平选手

咚

咚

向正手方向退场的蹬转步步幅要大。 轴心脚左脚也可以移动

方法

左脚先向左后方退一步，接着上体右转，右脚向左后方跨出一步，以背对网的形式到位击球。

Menu 057 双手同时抬起

次 数 每组 3~10 次 × 组数

选手水平 初学者 ▮▮▮▮▮▮ 高水平选手

方法

双手举起后迅速落下，图片为右脚发力起跳，也可以左脚发力起跳。

综合步法

目标 ▶ **完整步法**

场地内灵活移动的步法组合

之前学习的基本步法和分解步法都是为接下来能在场地内灵活自由移动做准备。到目前为止我们的练习中只有步法和挥拍动作，对于自己不擅长的部分一定要反复练习，直到熟练。然而更重要的是在练习中要假想对手的存在，每次挥拍都要意识到来球。

Menu **058** 有接球意识的步法练习

次 数	每组 3~10次 × 组数
选手水平	初学者 ▬▬▬▬ 高水平选手

方法 练习接球时的步法。

注意!
在边移动边挥拍中要掌握击球的时机，面对来球要协调好手上动作和脚底步法后再击球

展开实例

Menu **059** 假想对手回球的步法练习

次 数	每组 3~10次 × 组数
选手水平	初学者 ▬▬▬▬ 高水平选手

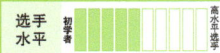

方法 根据对手重心位置及动作，判断击球点位置，移动并击球。

注意!
假想对手的存在，根据对手的动作和移动方式，判断可能的来球位置，启动向预判位置移动

展开实例

基本打法

基本步法

基本技术综合练习

双打练习

单打练习

模拟比赛

训练计划和方案

目标 步法的战术

三分技术，七分步法

羽毛球运动中有"三分技术，七分步法"的说法。步法是羽毛球运动的"灵魂"，快速准确的步法使选手在比赛中游刃有余。假想一个对手存在并练习步法是很有必要的。选手和陪练者都要模拟真实比赛进行练习。注意不要总看地面。

Menu **060** 前后场步法练习

次数 每组3~10次×组数

选手水平 初学者 ▮▮▮▮▮▮▮▮ 高水平选手

展开实例

指向中心位置 ▶ 指向位置⑦ ▶

指向中心位置 ▶ 指向位置① ▶

→ 参照 **第60页** 的场地位置编号进行练习

方法

两人一组进行练习。一个人是陪练，一个人是选手。陪练负责发出命令。选手需要执行命令。选手首先站在中心位置。陪练随意选择球场位置①……⑨中的一个，选手随即做出判断，选择适当的步法移动到该位置。然后交换角色练习。注意移动和制动这两个步骤。

Menu **061** 全场步法练习

次数 每组3~10次×组数

选手水平 初学者 ▮▮▮▮▮▮▮▮ 高水平选手

展开实例

指向位置⑨ ▶ 指向位置⑦ ▶ 指向位置③

指向位置② ▶ 指向位置⑨ ▶ 指向位置④

方法

两人一组进行练习。一个人是陪练，一个人是选手。陪练负责发出命令。选手需要执行命令。选手首先站在中心位置。陪练随意选择球场中除⑤号位置从外的任意位置，选手随即做出判断，选择适当的步法移动到该位置。陪练要注意发出命令时节奏的变化。

基本打法

基本步法

基本技术综合练习

双打练习

单打练习

模拟比赛

训练计划和方案

Menu **062** 多种步法练习

次 数	每组 3~10 次 × 组数
选手水平	初学者 ▢▢▢▢▢▢ 高水平选手

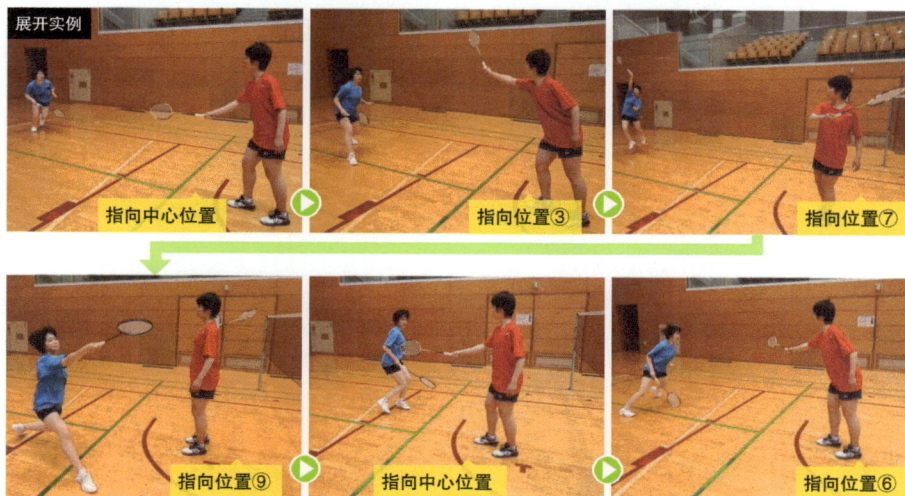

展开实例

指向中心位置 ▶ 指向位置③ ▶ 指向位置⑦

指向位置⑨ ▶ 指向中心位置 ▶ 指向位置⑥

方法

两人一组进行练习，一个人是陪练，一个人是选手。陪练负责发出命令。选手需要执行命令。陪练除了发出 Menu060 和 Menu061 的指令外，还需要发出其他指令。比如击球位置在高处，击球位置在低处，发出指令的节奏也要有变化。选手在执行命令中可以不返回当前位置。

要点 这对陪练也是一种练习

陪练在考虑下一次该发出什么样的指令的时候，也是对战术的一种思考。陪练掌控着练习过程的走向。而选手像是演员一样，一方面在配合对手演好整场戏，一方面在不断磨砺自己的技术水平。

? 为什么有必要?

限制对手的移动方向

在羽毛球比赛中，一个得分的关键就是把球打到对手的身后，对手为了救球就需要向后移动。在练习中，一方面可以练习步法，另一方面也可以锻炼选手安排战术的能力。而通过给需要高水平选手的录像，便可以知晓他们如何调动对手的脚步移动，对于初学者而言，首先进行不带球的练习。

目标 脚底发力

通过步法练习增强体能

在冬季训练期，步法的练习不仅可以训练技术水平，也可以起到增强体能的作用。通过练习，达到在被动局面还可以保持移动速度。通过反复练习，慢慢扩大步幅，增强稳定性，也可以在不同的场景中进行应用。

Menu **063** **步法训练**

次 数	每组 3~10 次 × 组数
选手水平	初学者 ▮▮▮▮▮▮▮▮ 高水平选手

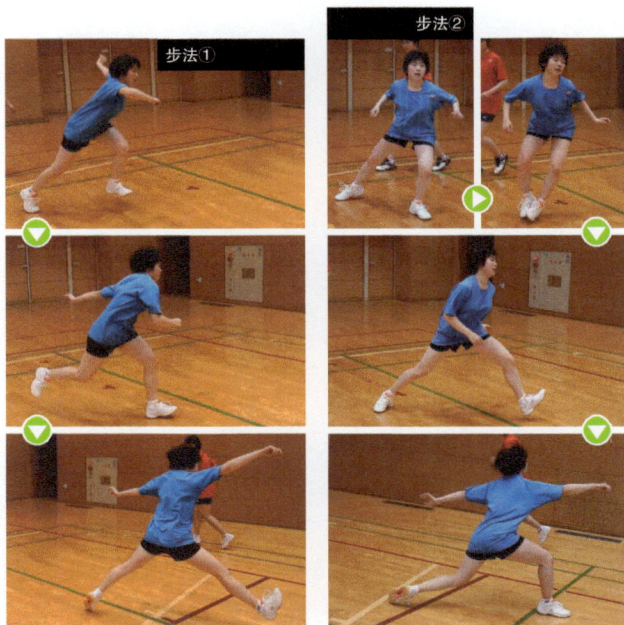

步法①　步法②

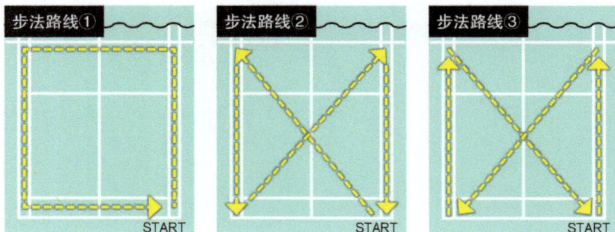

步法路线①　步法路线②　步法路线③
START　START　START

方法

不拿羽毛球拍，仅仅在球场内练习移动步法。利用球场半场的对角线进行冲刺跑和停止的练习。根据教练指示进行不同的步法与步幅练习。

要点

有目的地进行步法练习

在练习中将速度提到最高再降下来，在冲刺跑后停止的瞬间，为了防止膝盖受伤，膝盖不要过于弯曲。训练的目的有时候是增强耐力，有时候是提高速度，无论怎样都要明确训练目的。比如在耐力练习中可以 1~3 分钟为一组进行练习。团队一起训练可以互相促进，效果会更好。

第 3 章
基本技术综合练习

在第 1 章和第 2 章我们学习了基本打法和基本步法，
这一章我们学习打法和步法的配合。
能将手上动作和脚底动作配合好不是一件简单的事情，
但是通过循序渐进的练习你一定会有所进步。

个人多球练习的重要性

现在开始学习移动脚步，刚开始要求手脚协调配合打球，你肯定不适应。要根据对手的来球选择脚步的移动方式，球员需要有非常强的随机应变的能力。而对初学者来说，羽毛球球速快，在短时间内合理应用学过的打法和步法更是难上加难。有时初学者会感到茫然或困惑，这都是正常的。

个人多球练习可以解决这个问题。你可以进行定点位置相同来球的重复练习，也可以进行不定点位置变化球的练习。无论什么样的个人多球练习，我们的最终目标都是在比赛中，对来球迅速做出判断，移动到击球位置并挥拍。

分析对手动作预测来球位置

在综合练习中，我们要根据对手的动作预测来球位置，并选择自己的打法和步法。对手来球到了自己面前时速度会减慢，而来球位置的预判就需要我们仔细观察对手的挥拍方式和拍面情况等细节。

如右图所示，把对手（A）的身体移动方式看作是"信号"，自己（B）要通过"信号"选择适当的打法和步法。A和B可以转换角色，送出不同位置、不同方式的球。

观察对手预测
- ✓击球类型是什么
- ✓球的飞行路线
- ✓球速是多少

↓

自己选择判断
- ✓移动到场地什么位置
- ✓采取什么打法回球
- ✓力量大小

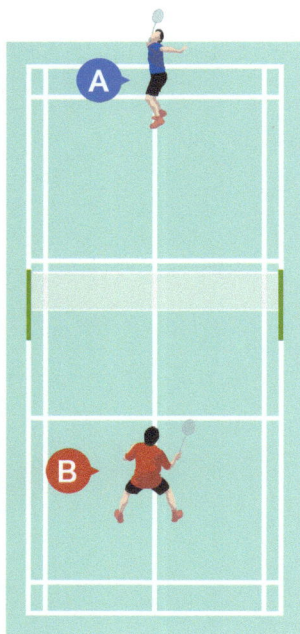

参照
第89页 个人多球练习计划表

72

个人多球练习准备条件

1 供球者基本要求

在个人多球练习中，供球者所扮演的角色非常重要。供球者不但要帮助选手掌握不同情况下来球的接球时机，练习不同挥拍方式，还要有针对性地让选手进行专项训练。在选手训练的过程中，调动选手的积极性，提高训练质量。主教练不但要对队员们进行技术指导，也很有必要培养教练组中优秀的供球者。

2 羽毛球选择

多球训练中的羽毛球多是比赛后剩下的。这些剩下的羽毛球质量也是参差不齐。在练习前，针对不同的训练项目选择不同质量的羽毛球。

▲随便打打可以用旧球

▲掌握接球时机，练习控制回球力度时，用新一点的球

3 执球方式和送球方式

针对水平不同的选手和结合不同的训练目的，供球者需要变换执球方式和送球方式。

● 手抛球送球（一般适用于送网前球）

拿羽毛处，抛球方向为由下至上

供球者为了尽可能控制羽毛球飞行路线，一般送球位置是网前。可以放在手掌前端抛球，也可以拿羽毛处抛球。

拿球托处，抛球方向为由上至下

供球者模拟对手打吊球和高远球时，抛球方向为由上至下。

● 球拍送球（一般适用于送后场球）

拿几个球，送球方向为由下至上

拿几个球，送球方向为由下至上。送球者一手拿几个球，另一手握拍发球。这样供球者更容易掌握供球要领，供球也更舒服。

拿一串球，送球方向为由上至下

拿一组球，送球方向为由上至下。供球者一手持一串球，另一手握拍发球。供球的球路也可以多样化。

基本打法

基本步法

基本技术综合练习

双打练习

单打练习

模拟比赛

训练计划和方案

可以掌握的技巧

▶ 基础巩固
▶ 多球进攻练习
▶ 多球防守练习
▶ 多球体能练习

次　数　10次 × 组数

选手水平　初学者　□□□□□□□□　高水平选手

目标 前后场综合练习①

Menu 064 正手方向正手上网多球练习

方法

供球者从下至上抛球。选手练习正手方向上网，并根据教练要求进行扣球、放网前球、挑球的练习。

练习 A 要点

扣杀关键球

击打关键球要注意调整好步法。过网的位置高，并在球网附近降落的球——要抓住这样的关键球。打关键球时步法要从横跨步、前交叉步及后交叉步中选择（图中为蹬跨步）。

练习 B 要点

模拟实战

选手要选择适当的步法来击打球速不高的来球。一般情况下，如果可以预测来球的方向就用前交叉步，如果无法预测来球的方向，而击球位置在后场时，就要使用后交叉步。多球练习时，要模仿实战中的不同情况进行练习。

搓球

搓球是用球拍搓击球的左侧或右侧下部与球托底部，使球向右侧或左侧旋转并翻滚过网

→ 参照 第61页 正手上网步法

74

正手方向正手上网的练习计划表

基本打法

基本步法

基本技术综合练习

双打练习

单打练习

模拟比赛

训练计划和方案

来球位置	对手信号	抛球方式	移动步法	击打方式
右前方	缓慢轻柔的关键球	下至上 Ⓐ	前交叉步	扣球（左右）
			蹬跨步	
			后交叉步	
			蹬跨起跳步	
	缓慢轻柔的网前球	下至上 Ⓑ	前交叉步	对角线放网
			蹬跨步	搓球
			后交叉步	
		下至上/上至下	前交叉步	攻击性挑球（直线，对角线）
			蹬跨步	
			后交叉步	
	后场高速吊球	上至下	蹬跨步（小步型）	防守性挑球（直线，对角线）
			前交叉步	
	贴网下球	上至下	后交叉步	对角线平抽球
			蹬跨步	
			后交叉步	

（右侧：高 ↕ 积极性&攻击性 ↕ 低）

▲ 这是一份练习正手上网的计划表。如果判断"对手的来球是速度不高的关键球"，就要选择"网前杀球"。供球者需要抛出从下至上的"关键球"，选手练习网前扣球技术。

扣球

蹬跨步

搓球

蹬跨步

目标 **前后场综合练习②**

Menu **065** 反手方向反手上网多球练习

可以掌握的技巧

▶ 基础巩固
▶ 基本练习
▶ 初中练习
▶ 进行能力

次　数　10次 × 组数

选手水平　初学者　　　　高水平选手

方法

供球者从下至上或从上至下抛球。选手练习反手方向反手上网，并根据教练要求进行扣球、放网前球、挑球的练习。

练习 A 要点

扣杀关键球

对于过网的位置高，并在球网附近降落的球，采取一步蹬转或两步蹬转，或者蹬转步加跳步的方式上网并扣杀。

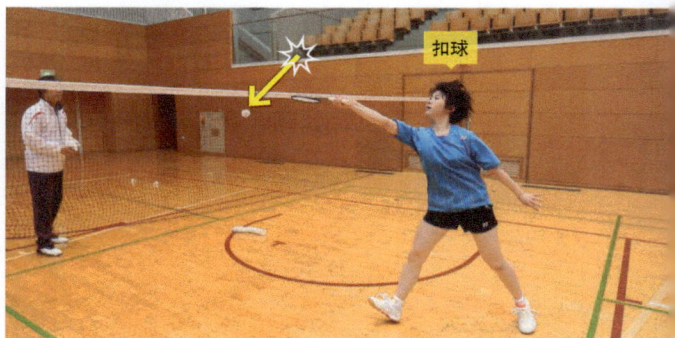

扣球

练习 B 要点

搓球

对于供球者发出的缓慢的来球，球员用前交叉步或后交叉步上网，并回反手搓球。搓球时球拍要从右向左平滑。（正手的练习要领与反手相同）。

搓球

练习 C 要点

对角线放网前球

贴网而下的来球，选手用前交叉步两步上网，低位对角线放网前球。

对角线放网前球

参照
第62页 反手上网步法

参照
第42页 对角线球

反手方向反手上网练习计划表

来球位置	对手信号	抛球方式	移动步法	击打方式	
左前方	缓慢轻柔的关键球	下至上	蹬转步(一步) 前交叉步 交替蹬跨步 蹬跨起跳步	扣球(左右)	高
	缓慢轻柔的网前球	下至上	蹬转步(一步) 前交叉步 交替蹬跨步	对角线放网	积极性&攻击性
	交叉步网前球	下至上/上至下	前交叉步 蹬跨步 后交叉步	搓球	
	后场高速吊球	上至下	蹬跨步(小步型) 前交叉步 后交叉步	攻击性挑球 (直线,对角线)	
	贴网下球	上至下	蹬转步(一步) 蹬跨步 后交叉步	防守性挑球 (直线,对角线)	低

▲ 左前方上网需要用反手打法。反手方向上网还应该注意,准备接球时右脚在后,接下来右脚迅速向前一步,以左腿为支撑腿,右脚再向前蹬跨一步(在表中体现为"交替上步")。

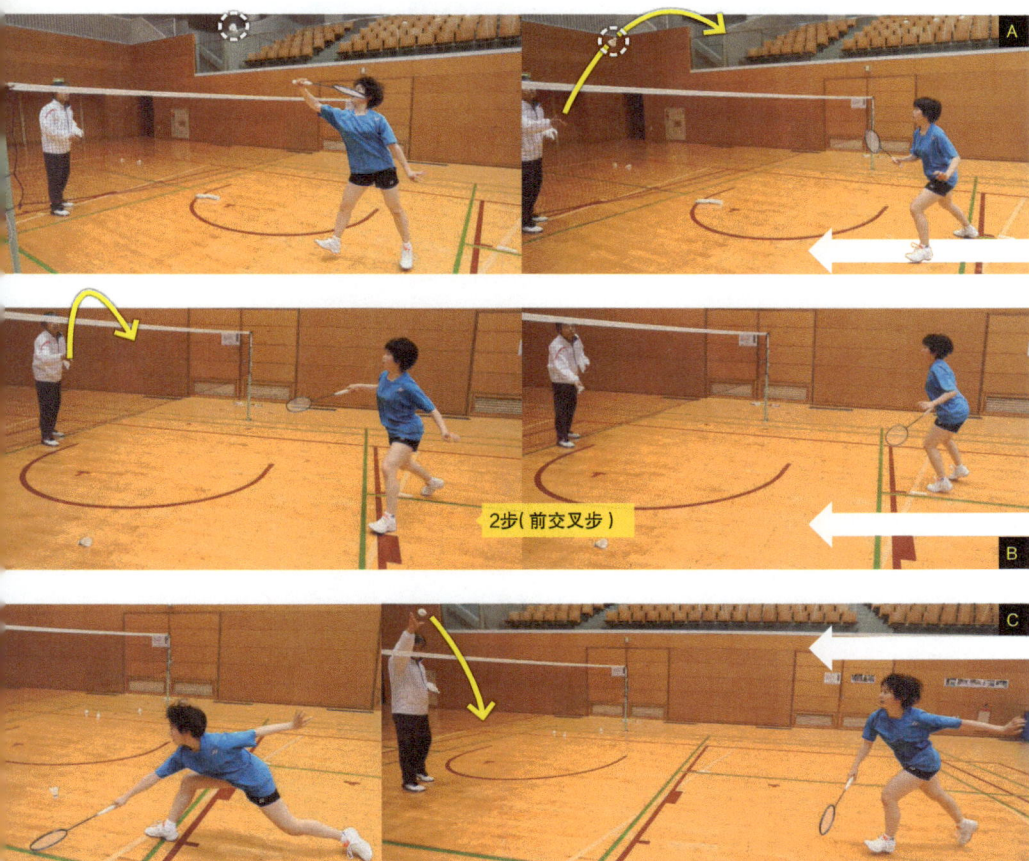

2步(前交叉步)

基本打法

基本步法

基本技术综合练习

双打练习

单打练习

模拟比赛

训练计划和方案

目标 前后场综合练习③

Menu 066 正手方向正手退场多球练习

可以掌握的技巧
▶ 基础巩固
▶ 进阶练习
▶ 防守练习
▶ 综合提高

次数 10次 × 组数
选手水平 初学者 | 高水平选手

方法

供球者从下至上抛球。选手练习正手方向退场，并根据教练要求进行对角线杀球、对角线吊球、对角线高远球的练习。

练习 A 要点

对角线杀球

来球方向是正手后场，如果球位置较高，且球速不快，选手需要交叉步退场并起跳，在空中完成击球。

对角线杀球

练习 B 要点

起跳后对角线吊球

来球方向是正手后场，如果球位置不高，选手需要蹬转步并起跳击球。在击球的瞬间，运用手指、手腕发力，切击球托侧面，让羽毛球快速而短促地飞向对手的网前。

起跳后对角线吊球

练习 C 要点

对角线高远球

选手运用蹬转步加后交叉步退到后场底线，对于接近底线的来球，用高远球回球，为下一拍击球争取时间。击球时采用东方式执拍，前臂微微内旋，引拍速度快，且幅度小。

对角线高远球

→ 参照 **第64页** 正手后场球的步骤   → 参照 **第10页** 持拍方式

基本打法

基本步法

基本技术综合练习

双打练习

单打练习

模拟比赛

训练计划和方案

正手方向正手退场练习计划表

来球位置	对手信号	供球方式	移动步法	击打方式	
右后方	长远球	球拍送球	移动至来球下方（男子选手双脚起跳）	对角线杀球	易
				对角线吊球	
				对角线高远球	
	来球位置略低		蹬转步 A	对角线杀球	容易击打难易程度困难
				对角线吊球	
				对角线高远球	
	来球位置低		蹬转步 B	对角线杀球	
				对角线吊球	
				对角线高远球	
	来球位置很低		蹬转步/后交叉步 C	对角线杀球	
				对角线吊球	
				对角线高远球	难
				对角线平抽球	

▲ 准备接球的姿势是右脚在前。启动步用蹬转步。根据具体来球位置用蹬跨步调整击球位置。为何要练习对角线球呢？原因是会打直线球不一定会打对角线球，但是会打对角线球一定会打直线球。

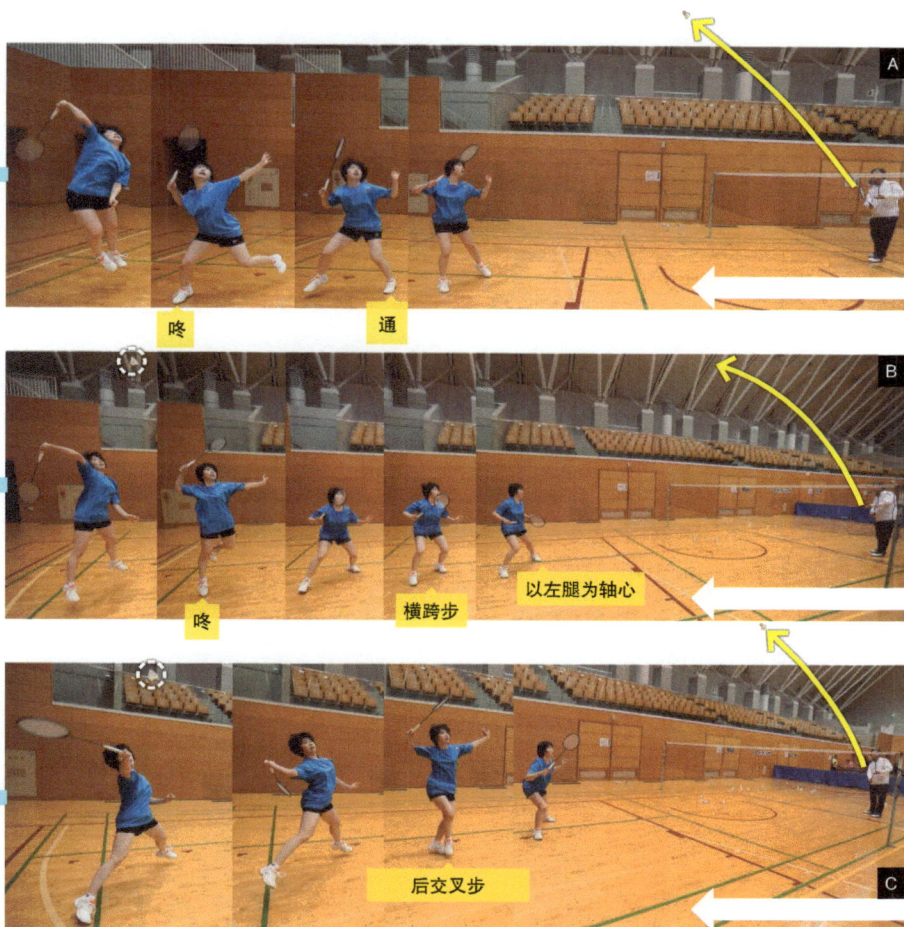

咚　　通

咚　　横跨步　　以左腿为轴心

后交叉步

目标 前后场综合练习④

Menu 067 反手方向反手退场多球练习

次 数 **10次** × 组数

选手水平 初学者 ▮▮▮▮▮▮▮▮▮ 高水平选手

可以掌握的技巧
- ▶ 基础巩固
- ▶ 势能练习
- ▶ 防守练习
- ▶ 操作能力

方法

供球者从下至上抛球。选手练习反手方向反手退场，并根据教练要求进行对角线杀球、对角线吊球、对角线高远球的练习。

练习 A 要点

对角线平抽高远球

来球方向是反手后场，如果球位置高，选手蹬转步（跳跃）交换双脚前后位置，起跳后在空中再次交换前后脚位置，在空中平抽高远球。

反手后场平抽高远球

在头顶上方如拧球拍般用力挥拍

练习 B 要点

起跳后对角线杀球

来球方向是反手后场，如果球位置不高，选手用蹬跨步到击球位置附近，起跳后杀球。杀球时用东方式执拍，引拍幅度小且速度快。

对角线扣杀

练习 C 要点

对角线反手高远球

来球方向是反手后场，且接近底线。选手以右脚为轴心做蹬转步，背对对手，左脚单腿起跳，给对手回高远球。

C

以右脚为轴心

参照 **第66页** 反手后场球

反手方向（左后方）反手场后训练计划表

来球位置	对手信号	送球方式	移动步法	击打方式	
左后方	长远球	球拍送球	移动至来球下方（男子选手双脚起跳）	对角线杀球	易
				对角线吊球	
				对角线高远球	
	来球位置略低		蹬转步（步幅大）A	对角线杀球	容易击打难易程度困难
				对角线吊球	
				对角线高远球	
	来球位置低		蹬跨步/跳步 B	对角线杀球	
				对角线吊球	
				对角线高远球	
	来球位置很低		蹬转步 C	对角线杀球	
				对角线吊球	
				对角线高远球	难

▲ 用蹬转步移动到后场左方比移动到后场右方时步幅更大。有时需要使用"蹬转步加跳步"来完成击球。引拍幅度小且速度快，击球时用东方式执拍，手腕发力。用反手回击来球位置较高的球确实不容易。初学者可以用与执拍手同侧的脚单脚起跳，触球点在球拍的顶部，像反弹回去一样击球。

咚　　通　　以左腿为轴心　　A

咚　　蹬跨步　　B

落地后右脚踩地　　反手高远球

81

设定场景多球练习，提高比赛的感觉

目标

更接近"实战"的多球练习

在接下来的多球练习中，我们将模拟比赛，设定更多的来球场景，让选手在练习中就有比赛的感觉。我们的练习将从比赛中的防守接球开始，接下来是进攻回球。比赛中的来球不同，挥拍方式和移动方式也不同，通过练习我们要熟悉这些动作。

要点 **击球前要提前考虑 3 步**

在设定场景多球训练中，选手不仅是把供球者的球打回去即可，而且要想到对手将以什么方式接球，自己又将如何应对。我们进行设定场景多球练习，就是为了让选手有预测未来"3 次击球"的意识。

设定场景多球练习计划表

站位点	供球方式	第一次回球(图中①)	供球者回球方式(图中②)	准备第二次回球移动步法	第二次回球	第二次回球目标位置	
后场右方	球拍送长球	直线杀球	速度慢的机会球	冲刺跑	扣球(右、左)	右前方	高
				冲刺跑&后交叉步			
			速度慢的网前球	冲刺跑	对角线勾球放网前球		积极性&攻击性
				冲刺跑&后交叉步			
				冲刺跑	搓球放网前球		
				冲刺跑&后交叉步			
				冲刺跑	下手位吊球		
				冲刺跑&后交叉步			
				冲刺跑	轻吊		
				冲刺跑&后交叉步			
			接近发球线的回球	冲刺跑	对角线放网前球		低
				冲刺跑&后交叉步			

▲ 上表列出了在后场右方时需要进行的多球训练项目。第一次回球要打直线球，然后根据对手的接球进攻。

供球者要不断改变送球方式，有针对性地训练选手的动作技术。还需要随时检测选手的掌握情况，并调整训练节奏。训练的目的是使选手多打具有攻击性的球，掌握主动权，控制比赛。在练习中，可以优先进行"具有攻击性"的击球练习。

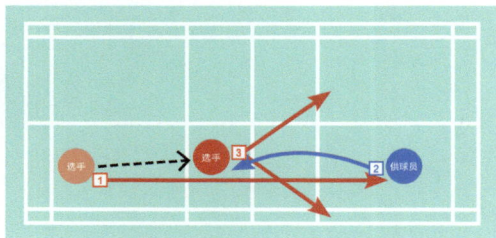

基本打法

基本步法

基本技术综合练习

双打练习

单打练习

模拟比赛

训练计划和方案

目标 设定场景多球练习培养比赛感觉①

可以掌握的技巧	▶ 基础知识
	▶ 进攻练习
	▶ 防守练习
	▶ 健身能力

Menu 068 杀球 & 直线冲刺跑 & 网前扑球

次 数	10次 × 组数
选手水平	初学者 ▮▮▮▮▮▮ 高水平选手

②直线杀球

直线冲刺跑

④扣球

方法

供球者站在场地对面，第❶拍发的是后场的高远球，第❸拍在网前轻吊放小球。而选手接后场高远球的第❷拍为直线杀球，第❹拍为网前扑球，如果没有完全掌握第❷拍的动作技术，要进行挥空拍练习。

▼设定场景

假想自己的回球可以直接得分。

▼不同情况

供球者第❸拍回球至选手的反手位置。

要点

选手第❷拍回直线杀球时，使用冲刺跑或者冲刺跑 & 后交叉步的步法移动。

目标

设定场景多球练习培养比赛感觉②

可以掌握的技巧
▶ 高级扣网
▶ 进攻练习
▶ 技巧练习
▶ 综合提高

Menu 069 杀球 & 直线冲刺跑 & 勾球放网

次 数	10次 × 组数

选手水平 初学者 ▮▮▯▯▯▯▮▮ 高水平选手

②直线杀球

直线冲刺跑

④勾球放网

▶ 方法

供球者站在场地对面，发长远球至选手的后场（❶），第一拍回球是速度较慢的网前球（❸）。选手的第一拍回球练习直线杀球(❷)，第二拍回球练习勾球放网(❹)。直线杀球技术没有掌握时，要进行挥空拍练习。

▼ 设定场景

在单打比赛中常用的技术手段有：如果选手第一拍回球没有得分，第二拍回球以防守为主。

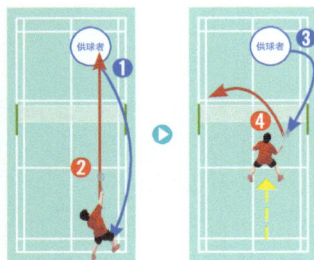

🔥 要点

上网时冲刺跑

使用冲刺跑或者冲刺跑 & 后交叉步的步法上网。

注意！

尽量在较高位置击球，以对角线方式给对手勾球放网。

基本打法

基本步法

基本技术综合练习

双打练习

单打练习

模拟比赛

训练计划和方案

设定场景多球练习培养比赛感觉③

目标

可以掌握的技巧
- ▶ 多球训练
- ▶ 进攻练习
- ▶ 选手练习
- ▶ 跑位练习

Menu 070 杀球 & 直线冲刺跑 & 搓球放网

次　数 **10次** × 组数

选手水平　初学者　■■■■■■■　高水平选手

②直线杀球

斜线冲刺跑

④搓球放网

方法

供球者站在场地的对面，发长远球至选手的后场右方（❶），第一拍回球是速度较慢的网前球（❸）。选手的第一拍回球练习直线杀球（❷），第二拍回球练习搓球放网前球（❹）。直线杀球技术没有掌握时，要进行挥空拍练习。

▼设定场景

在单打比赛中常用的技术手段有：如果选手第一拍回球没有得分，第二拍回球以防守为主，将对手也逼到网前，使其对于掠网而下且旋转的球，不得不回长远球。此时自己掌握主动权，可以进行多拍回合。

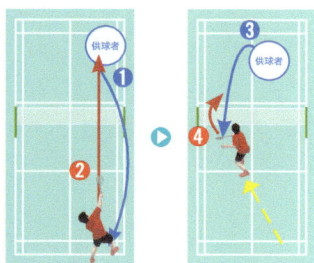

! 要点

放网时掠网而下

放网的基本要求是掠网而下。放网同时搓球，使球翻转滚过网顶。对于放网后的对角线球，对手回球以反手球为主。如果对手正手回球，球旋转方向不定，容易出界。

设定场景多球练习培养双打比赛感觉①

目标

Menu **071** 推球 & 杀球

可以掌握的技巧

▶ 基础训练
▶ 进攻练习
▶ 防守练习
▶ 强身健力

次 数 **10**次 × 组数

选手 水平 初学者 ▮▮▮▮▮▮▮▮ 高水平选手

②推球

③挑球

④杀球

方法

供球者站在场地对面，第**❶**拍放出一个网前的机会球，第**❸**拍回挑球。而选手第**❷**拍球要推球，第**❹**拍球完成扣杀。练习场地中可以站2～4人，轮流进行扣球训练。

▼设定场景

双打发球后第3拍（算发球的话是第4拍）得分。

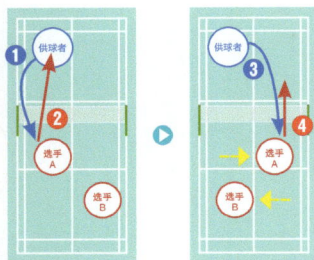

要点 下一拍扣球

如果双方只是推球的话，那么比赛永远结束不了。一定要有"下一拍就扣球"的意识。推球还限制了对手的回球路线，就像是"对着墙"打球一样。

更改击球顺序练习

选手B练习推球，选手A练习杀球。

86

基本打法

基本步法

基本技术综合练习

双打练习

单打练习

模拟比赛

训练计划和方案

目标

设定场景多球练习培养双打比赛感觉②

Menu **072** 平抽球 & 杀球

可以掌握的技巧

► 要记内容
► 进攻练习
► 双打练习
► 综合能力

次 数 10次 × 组数

选手水平　初学者　　　　高水平选手

平抽球回球

③吊球

④杀球

方法

供球者站在场地对面，以正手或者反手方式在底线发球（❶）。选手A练习平抽球回球（❷）。供球者以吊球回球（❸）。选手B以杀球回球（❹）。练习中半场有2~4人，依次进行多球训练。

▼ 设定场景

在双打多球练习中，用平抽球将对手限制在网前。

要点

高于头顶的球怎么办？

供球者的第二拍回球路线高于头顶的时候，双打选手的后方选手进行杀球。供球者平抽球对角线回球后，主动权可能会掌握在自己这边。此时供球者最好有助手一起练习。

📢 **更改击球顺序练习**

选手B练习平抽，选手A练习杀球。

参照
第90页 供球者助手相关内容

87

目标 设定场景多球练习培养双打比赛感觉③

可以掌握的技巧

▶ 进攻练习

Menu 073 杀球 & 杀球

| 次 数 | 10次 × 组数 |

| 选手水平 | 初学者 ···· 高水平选手 |

②杀球

③长远球

④杀球

方法

供球者站在场地对面，发长远球（❶）。选手A练习杀球（❷）。供球者在半场中央回距离较短的长远球（❸）。选手B以杀球回球（❹）。

▼设定场景

球飞行越过前场选手，后场选手练习后场杀球。

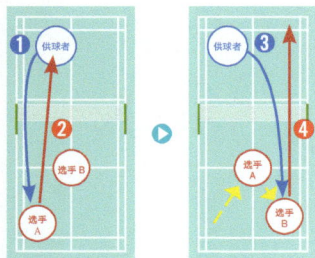

⚠ 要点

为下一次"杀球"做准备

双打选手进行杀球后，不仅要观察怎么回球，还要为下一次"杀球"做好准备。

🔊 更改击球顺序练习

选手B练习杀球，选手A练习杀球。

多球练习的场景设定

多球练习中，场景设定可以根据以下3个提示，以乘法关系进行训练。一方面要进行多拍对打，另一方面需要进行有针对性的击球练习。供球者需要根据不同的训练目的不断变换送球方式。

基本打法

基本步法

基本技术综合练习

双打练习

单打练习

模拟比赛

训练计划和方案

多球练习基本构成要素

【供球者信号】什么样的来球？	手送球	➡ 从下至上、从上至下等
	球拍送球	➡ 高手位、低手位等

✕

【思考】移动步法和移动方向是什么？	上网	➡ 1步、2步等
	退场	➡ 前交叉步、后交叉步、蹬跨步等

✕

【思考】击球位置和击球方式是什么？	前场	➡ 扑球、勾球、搓球、放网前球等
	后场	➡ 杀球、高远球、吊球、平抽球等

▲ 前面的设定场景多球练习（第 75、77、79、81 页）可以参照上表，使选手明确训练的目的，供球者选择合适的送球方式进行训练。

📋 特别提示

选手与供球者互相配合，进行多球训练

多球训练要模拟真实的比赛场景进行练习。供球者在回球时要将击球动作做充分，选手根据供球者的动作判断来球。同时，选手回球时要明确训练的目的。训练目的从移动步法、击球方式和回球类型三个方面做出要求。

分角色多球练习, 提高训练效果

目标

为了更加接近实战，我们开始进行选手与选手间的多球练习。练习中，供球者可以在场地内活动，也可以在场外进行指导。对于球员数量较多的球队，这是一个很好的训练方式。

Menu **074** 低手位挑球 & 杀球（单人）

次　数　10次 × 组数

选手水平　初学者　　高水平选手

方法

供球者发一个低手位置或反手位置的网前球（❶），选手上网，回高远球到供球者的后场对角，压供球者的反手（❷），此时供球者助手回直线高远球（❸），对于来球，选手进行网前杀球（❹）。

▼设定场景

在单打比赛中，选手要打有攻击性的网前球，将对手逼至后场，从而掌握主动权。来球是直线高远球时，选手要跳起来杀球。

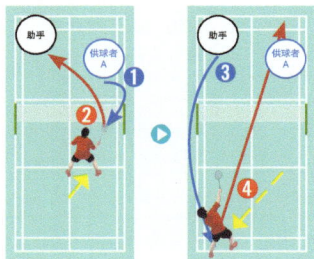

助手　供球者A　❶
❷

助手　供球者A　❸
❹

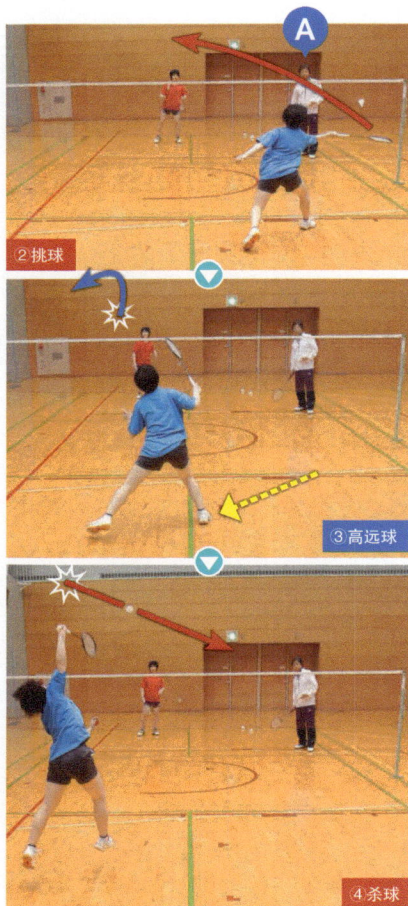
A
②挑球

③高远球

④杀球

⚠️ **要点**　**球网附近打高手位球**

选手在网前回球时要打高手位球，这样可以把对手逼至后场。挑球时可以挑直线球，也可以挑对角线球。如果没有助手，供球者自己也可以完成供球。

分角色多球练习基础①

目标

Menu 075 高远球 & 杀球（单人）

次 数	10次 × 组数
选手水平	初学者 ▯▯▯▯▯▯▯▯ 高水平选手

基本打法

基本步法

基本技术综合练习

双打练习

单打练习

模拟比赛

训练计划和方案

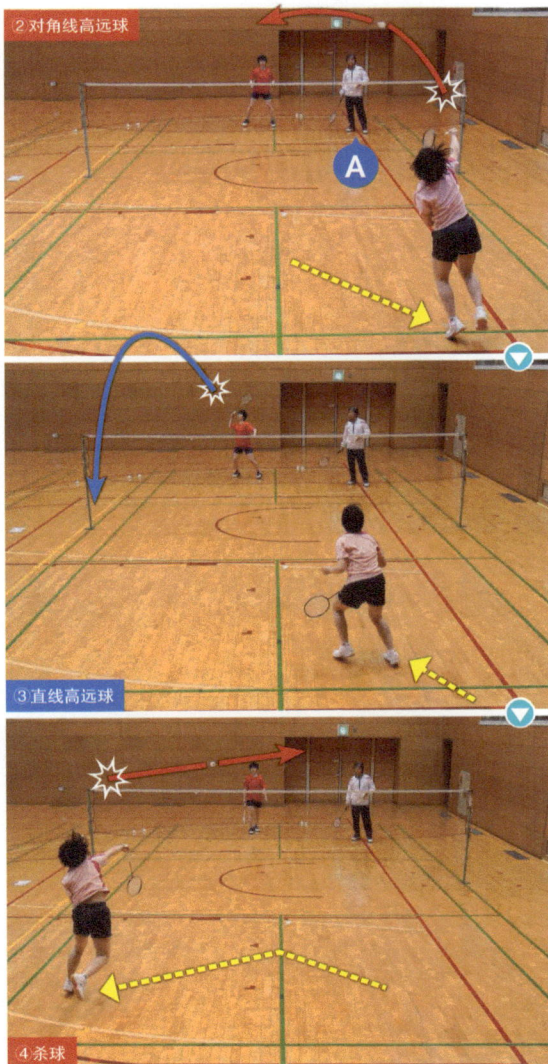

②对角线高远球

③直线高远球

④杀球

方法

供球者A站在后场位置发高远球（❶）。选手第一次回球练习对角线高远球（❷）。供球者助手回击速度较慢的直线高远球（❸），选手以杀球回击（❹）。

▼设定场景

选手在多拍回合中，击打对角线高远球来掌握主动权。在对手回击直线高远球后，要迅速移动到接球位置，跳步并杀球回击。

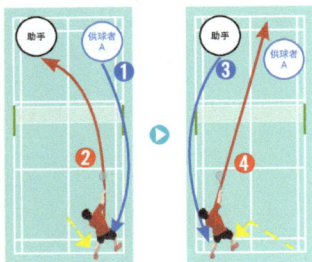

要点

在靠近前场、来球位置高时回球

如果对方打过来的球飞往后场区，那么选手点应选择头顶上方的部位作为击球点。也就是回头顶高远球。头顶高远球的技术要领是在手臂自然伸直时，应用"抽鞭"动作把球"弹"回去。

目标
分角色多球练习基础②

Menu **076** 吊球 & 杀球〔单人〕

可以掌握的技巧

▶ 基础巩固

▶ 强项练习

▶ 弱项提升

▶ 综合能力

次 数	10次 × 组数
选手水平	初学者 ▮▮▮▮▯▯ 高水平选手

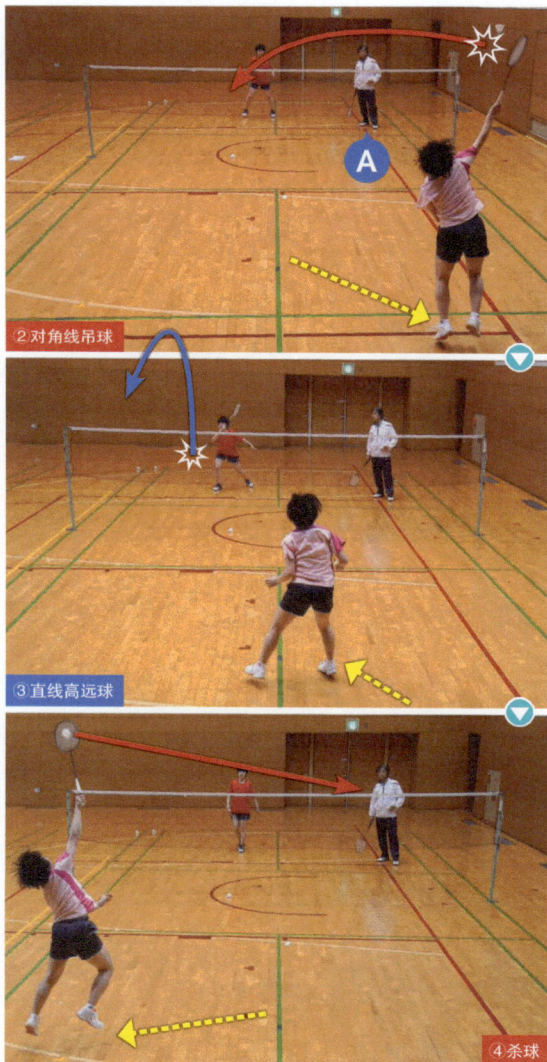

②对角线吊球

③直线高远球

④杀球

方法

供球者 A 站在后场位置发高远球（❶）。选手第一次回对角线吊球（❷）。供球者助手回速度较慢的直线高远球（❸），选手以杀球回击（❹）。

▼ 设定场景

选手在多拍回合中，击打对角线吊球来掌握主动权。在对手上网至前场并回击直线长远球后，可以杀球回击。

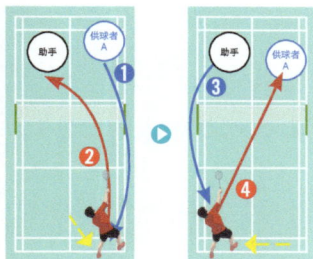

⚡ 要点

做好假动作骗过对手

选手假装打扣杀球或以平抽的姿势以骗过对手。在实战中，吊球可以是网前放直线小球，也可以将球放到球网的另一侧，如果供球者没有助手，1个人也能完成供球。

分角色多球练习基础③

目标

Menu **077** 杀球 & 杀球（单人）

可以掌握的技巧

▶ 基础巩固

▶ 技能提升

▶ 技巧精进

▶ 提升体力

次　数 10次 × 组数

选手水平　初学者　高水平选手

②杀球

③长远球

④杀球

A

基本打法

基本步法

基本技术综合练习

双打练习

单打练习

模拟比赛

训练计划和方案

方法

供球者 A 站在后场位置发高远球（❶）。选手的第一次回击练习杀球（❷）。供球者助手回击速度较慢的直线长远球（❸），选手再次以杀球回击（❹）。

▼ 设定场景

选手第一次杀球后，供球者助手回长远球，之后选手继续回对角线杀球。

供球者 A　助手

❶

❷

供球者 A　助手

❸

❹

⚠ 要点

预测对手下一拍的打法及球的位置

选手杀球后，对手一定会回长远球，在击球后要预测对手下一拍可能的回球方式和回球路线。扣杀之后不要着急上网，建议后退一步，如果是直线扣球，对手可能会回反方向的后场球，如果没有助手，供球者一个人也可以完成供球。

进一步练习,训练多拍回合能力

提高回球质量,训练多拍回球

从多球练习直接进入分角色练习,相当于直接由个人练习进入比赛热身,训练的效果并不理想。这时最好进行"进一步练习"。在"进一步练习"中,选手努力回球给供球者,练习多拍回合的能力。

注意回球节奏

在"进一步练习"中要注意回球"两步走"。第一步是做好准备姿势,第二步才是击球。在球场上无论击打什么球,在什么位置击球,都要"两步走"。

教练手册

多拍回合是训练目的

增加多拍回合的回合数也就是增加了训练量。为了增加回合数,供球者也是要下一番功夫的。训练开始时,供球者站在前场位置,选手也站在前场,多拍回合中球速比较快,但力量要求不高。渐渐地供球者要退向后场,选手也要向后退,进行后场练习。

练习前场回球

练习后场回球

基本打法

基本步法

基本技术综合练习

双打练习

单打练习

模拟比赛

训练计划和方案

目标 提高回球质量①

Menu 078 定点回球练习（速度慢、匀速）

可以掌握的技巧
▶ 基础巩固
▶ 进阶练习
▶ 相关技巧
▶ 综合能力

次 数 30秒~2分钟

选手水平　初学者　　高水平选手

展开实例

⑦

①

⑨

参照
第60页 场地编号

方法

供球者向右图位置⑦发球，选手回球，供球者再回球至位置⑦。熟悉动作技巧后，依次更替目标位置至⑨①③，熟悉不同位置的动作技巧。开始多拍回合时球速较慢，渐渐地要提高击球速度。

供球者

⑨　　⑦

③　　①

? **为什么很重要?**

选择恰当的移动步法

针对不同打法的步法练习很重要。根据对手的回球路线选择移动步法，接球时机和接球位置配合步法变化。

要点

根据对手的回球路线选择步法。

非被动情况选择蹬跨步

被动情况选择后交叉步

目标 提高回球质量②

Menu 079 定点回球练习（回球速度快）

次　数　30秒~2分钟

选手水平　初学者 ▮▮▮▮▮▮ 高水平选手

展开实例

①

⑥

④

参照
第60页 场地编号

方法 ▶

供球者掌握主动权，供球者的回球多在低手位、边线或者靠近选手身体的位置。选手陷入被动局面练习回球。

供球者

⑨　　⑦
⑥　　④
③　　①

? 为什么很重要?

防守练习

训练不同情况下的防守，具体有边线杀球防守、后场被动防守等。

要点

打进攻性球

供球者在网前时，选手都是练习进攻性回球。开始练习时回球速度要慢，渐渐提高回击速度。

基本打法

基本步法

基本技术综合练习

双打练习

单打练习

模拟比赛

训练计划和方案

目标 提高回球质量③

Menu **080** 定点回球练习（回球速度慢）

可以掌握的技巧

▶ 基础巩固

演练练习

新对象练习

综合练习

次数 30秒~2分钟

选手水平 初学者 高水平选手

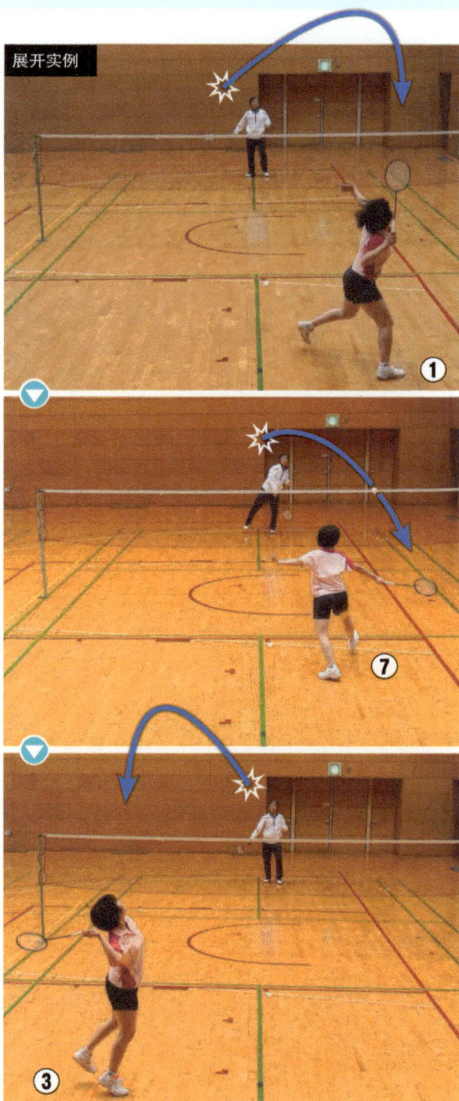

展开实例

方法

供球者在后场向选手随机回高远球、吊球和挑球。回球位置为选手场地内四个定点。选手从中心位置向四个定点移动、击球并返回中心位置。

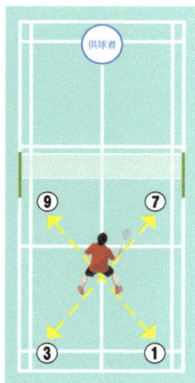

供球者

？ 为什么很重要？

熟练掌握多拍对打技术

这就是所谓的"多拍多打"，是为应对单打比赛中形成的僵持局面不可或缺的训练，也是单打比赛的"精髓"。

要点

掌握击球时机

在本次练习中，供球者的站位要比 Menu078 和 Menu079 更接近底线。本次练习的难点就是从中心位置出发的启动步。从中心位置出发一方面要注意重心移动，并且要分析、预测供球者的回球类型和回球路线，要经过反复练习才能掌握好。

参照
第47页 移动重心

竞技体育中每位选手都会遭遇"瓶颈期"

度过"瓶颈期"需要教练的鼓励

我们总是自觉或不自觉地和别人比较，或者被拿来和别人比较。即使心里千万次告诉自己"不要在意比较的结果"，但心中总还是有过一丝欣喜或一丝失望。而"自己和自己比较"是怎样的一种感受呢？

开始学习打羽毛球的日子，从完全不会到学会挥拍、掌握步法，每天都能看到自己的进步。但是突然有一天进入了"瓶颈期"。以前熟练掌握的技术现在却频频失误，怎么努力都无法改变状态，连自己都会怀疑自己是否真正掌握了技巧。这时虽然没有和任何人比较，但心里却也很难受。

在我看来，这是很正常的。对于任何一种竞技体育而言，选手个人的成长道路都不是一帆风顺的。选手水平越高，也就意味着进步的空间越小。进步的时候你感觉一帆风顺，突然没有了任何提高，甚至不进而退，我想你肯定会很沮丧。互联网时代，也许你可以得到你想知道的任何信息，但这不是解决问题的办法，也许网上的信息会加重你的焦虑。

帮助选手度过"瓶颈期"是每位教练的职责。教练要比选手早一步观察到选手的变化，只有这样才能给予选手合理的指导。

教练大多时候不会表扬选手，而是不断否定选手，给选手以打击。而选手希望得到的是教练的认可。当然不是说只要是否定选手就不对，只不过一味地否定对于选手而言意味着度过"瓶颈期"需要更长的时间。归根到底，想要进步必须脚踏实地。热爱羽毛球这项运动并努力的人，终有一天能在挥拍技术和移动步法方面都做得出色。

这时，教练们请给予选手掌声，最好是拍着选手的背，将赞美的语言送给选手。

第 4 章

双打练习

在双打比赛中最重要的是两位选手"配合默契"。
两位选手怎样配合才叫默契？
在这一章我们学习关于双打比赛中的技巧，
让选手能在双打比赛中配合得更加默契。

目标 掌握羽毛球战术

掌握比赛战术

"良好的体能基础""精湛的技术经验""强大的心理素质""合理的比赛战术",是对一名优秀毛球选手的要求。在双打比赛中,"合理的比赛战术"更是重中之重。在学习双打比赛战术前,我们先学习单打比赛的战术。

比赛战术就是"怎么回球,回球到什么位置"的问题

在学习羽毛球比赛战术前,我们先要学习羽毛球比赛的规则和羽毛球比赛的特点。只有充分了解了羽毛球的特点、球场的特点、比赛规则,才能更好地安排比赛战术。

在球网附近击球
➡球会更快地飞过半场

对立共存的概念

比对手多打1拍
➡没有时间限制

●有效的比赛战术 ①
在球网附近击球
羽毛球的飞行路线是一个加速然后减速的过程,所以比赛中要尽量在球减速前击球。也就是说,越靠近球网击球,得分的可能性越大。

●有效的比赛战术②
比对手多打1拍
羽毛球比赛中没有时间限制。如果自己能比对手多打1拍,得分的可能性也就更大。

📢 **教练手册**

教练要向选手提问:"你认为怎样才能赢得比赛?"

教练比较偏重在比赛结束后询问选手在比赛中采取了什么战术,询问的时候需要注意措辞。上图中列出的两个战术,其实是十分矛盾的战术。一方面,建议你"在网前击球,尽快结束比赛",另一方面却又劝导你"在多拍对打中再坚持一拍"。不同的比赛需要运用不同的战术。战术①告诉你要有进攻意识,战术②则提醒你做好防守的准备。战术②是基础,战术①是目的。如何将两种战术在比赛中合理运用,需要在平时的训练中做足工作。

提高双打比赛中的配合默契度

双打比赛不同于单打比赛，两个人配合也不一定能达到"1+1=2"的效果。为了达到"1+1 > 2"的效果，需要两名选手默契配合。

1 有共同的目标

两名选手首先要有同步的意识。为此可以设立一些两个人才懂的暗语。

2 比赛规则和分管区域

●比赛规则

比赛规则限定了在比赛中你可以做的事情和你不可以做的事情。双打比赛中的"前场球""边线球""后场球"要根据比赛中具体的来球情况，由不同的队员负责。选手要十分明确在比赛中自己需要接球的位置。

●比赛任务分配

双打比赛中有两种基本站位阵型。首先是在半区站位，这种阵型主要适合防守，场地以中心线纵分，选手各站半区，对于高远球或接扣杀球等向上击的击球以及平高球时常用这种阵型。另一种阵型是前、后场站位，这种阵型常见于进攻时，选手分为前卫和后卫，各自负责前、后场的击球，前卫主要击推球、吊球，而后卫主要扣杀球。

●比赛分管区域

如果将球场中自己所在的半场分为四块儿的话，双打选手有人分管前半区，有人分管后半区；也有一人负责一块儿区域，剩下三块儿区域由另一名选手负责。在比赛中要喊出声音，与队友才能配合得更好。

3 比赛中的交流配合

在比赛中两名选手要随时交流，喊出来，以确认谁来接球。我们希望达到的效果是双方选手不喊出来也知道如何进行配合，但是初学者一定要喊出声来确认接球者。

基本打法

基本步法

基本技术综合练习

双打练习

单打练习

模拟比赛

训练计划和方案

目标 双打多拍对打的击球顺序

从发球开始，到比赛得分，"多拍对打"也由3个阶段组成。

"开球"阶段是从发球开始，到两名选手一前一后或者一左一右防守、进行多拍回合的阶段。中间状态可以用"势"来形容。最后是得分的阶段。将多拍回合分为三个阶段后，理解双打比赛中的战术也就更容易了。

按照上述三个阶段进行双打练习，对每个阶段的击球方式和移动步法都要做进一步的具体要求。

建议初学者从如何得分的阶段开始练习。掌握好得分的技术，选手也就更加明白如何将被动局面转为主动进攻局面了。

多拍对打结构

1 开球

从发球开始，到两名选手一前一后或者一左一右站位，进行多拍回合。
→练习 p.128~p.132

2 中间状态

多拍回合中的主干部分。
→练习 p.112~p.127

3 得分

得分阶段
→练习 p.104~p.110

前场选手如何
进攻得分①

目标

Menu **081**

手抛球多球练习(球速慢、球速快)
练习对象：前场选手

次 数 **10次 × 组数**

选手水平 初学者 ▮▮▮▮▮▮▮ 高水平选手

方法

供球者给选手发速度慢和速度快的前场球，选手练习杀球或平推扑球。

▼设定场景

设定的场景为前场选手杀球或扑球得分，结束多拍对打。

供球者

🥤 要点

外旋打关键球

面临可以结束回合的机会球时、往往更容易出现失误，为了能够保证球的落点准确，可以稍稍向右加一点外旋。

基本打法

基本步法

基本技术综合练习

双打练习

单打练习

模拟比赛

训练计划和方案

目标

前场选手如何
进攻得分②

可以掌握的技巧
▶ 基础巩固
▶ 进攻练习
▶ 防守练习
▶ 综合能力

Menu 082 手抛球多球练习(移动中的扑球)
练习对象: 前场选手

次 数 **10次 × 组数**

选手水平 初学者 ▬▬▬▬▬▬ 高水平选手

方法

供球者从球场两侧给选手送球,选手练习向左右两侧移动并扑球,左右两侧交替进行。

▼ 设定场景

设定的场景为前场选手杀球或扑球得分,结束多拍对打。

供球者 B   供球者 A

要点

供球者不断提高送球高度

前场选手要进行连续性前场进攻的练习。既要练习正手,也要练习反手。供球者要逐渐提高送球高度,选手练习不同高度的前场扑球。

前场选手如何
进攻得分③

目标

可以掌握的技巧

▶ 基础巩固
▶ 进攻练习
▶ 防守练习
▶ 综合能力

Menu **083** 前场防守多球练习（连续接球）
练习对象：前场选手

次数	10次 × 组数
选手水平	初学者 ▭▭▭▭▭▭▭ 高水平选手

基本打法

基本步法

基本技术综合练习

双打练习

单打练习

模拟比赛

训练计划和方案

▶ 方法

供球者从后场向选手发球，发球位置为选手的正手和反手区域，球速要快。选手在前场练习连续接球和扑球。

▼设定场景

设定的场景为前场选手以扑球结束多拍对打。

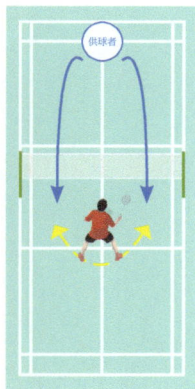

🔶 要点

迅速准备下一次接球

前场选手回击速度快的来球后没有太多的准备时间，要在高点击球，要迅速回归，准备下一次击球。

前场选手如何进攻得分④

目标

Menu **084** 多球练习（不规则击球练习）
练习对象：前场选手

可以掌握的技巧

▶ 基础巩固
▶ 进攻练习
▶ 防守练习
▶ 综合能力

次 数 10次 × 组数
选手水平 初学者 ▬▬▬▬▬ 高水平选手

展开实例

方法

供球者用球拍给前场选手送前场不同位置的球，球速快。选手移动至近网处扑球。

▼ 设定场景

设定的场景为前场选手在近网处得分结束多拍对打。

供球者

要点

练习应对不同前场位置的来球

供球者送的球要到达前场不同位置。前场选手练习上网扑球和退场扑球，直到熟练掌握前场不同扑球方式的移动步法和挥拍方式。

双打比赛中的战术和练习步骤

训练的效果和比赛有直接的关系。那么在双打比赛中要注意些什么呢？

双打战术A

● 后场选手负责制造机会球，前场选手扑球得分。→制造机会/得分

在球场的目标

↓

在近网处进攻得分

双打战术B

● 选手一左一右防守对方的进攻选手，进行多拍回合。

在球场的目标

↓

比对手多打一拍
在球场两侧接球

　　双打比赛中的战术主要有两种，正如本章开头所讲述的内容一样。这两种战术的侧重点不同，一种是冒着风险打对攻，而另一种是相对保守的稳固防守。这两种战术是完全对立的，如果能同时掌握进攻和防守的战术那是最好的；但是训练的时间有限，鱼和熊掌不能兼得。

　　在此我们首先回想一下双打比赛的特点。双打比赛中场上虽然有4个人，但是只有进攻的选手容易得分。也就是说，在双打训练中，也要偏重进攻型训练。所以在平时的训练中，我们可以从双打比赛的终结回合即得分阶段开始练习。

基本打法

基本步法

基本技术综合练习

双打练习

单打练习

模拟比赛

训练计划和方案

目标 后攻前封①

可以掌握的技巧	▶ 基础巩固
	▶ 进攻练习
	▶ 防守练习
	▶ 综合能力

次 数	10次 × 组数
选手水平	初学者 ▮▮▮▮▮▮▮ 高水平选手

Menu 085 同一名选手回球的多球练习

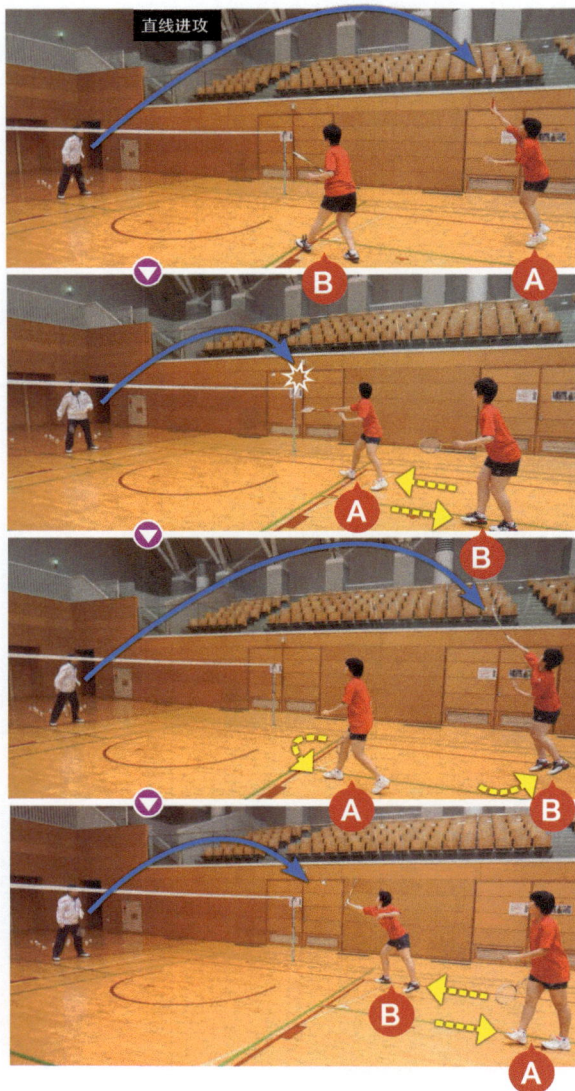

直线进攻

方法

两名选手（A、B）同时站在场地上。供球者在后场向选手A发球，选手A第一次回球在后场练习直线杀球。供球者放直线网前球，选手A第二次回球，练习上网并直线扑球。供球者重复相同的步骤，选手A在第一次后场回球时练习对角线杀球，第二次回球时练习对角线扑球。

▼设定场景

双打中选手首先在后场制造机会，然后上网击球得分。

▶ 直线进攻

▶ 对角线进攻

⚠ 要点　掌握得分主动权

选手A先在后场制造机会球，然后上网得分。选手B重复选手A的练习。

目标	后攻前封②

基本打法

基本步法

基本技术综合练习

双打练习

单打练习

模拟比赛

训练计划和方案

可以掌握的技巧	▶ 基础巩固
	▶ 进攻练习
	▶ 防守练习
	▶ 综合能力

次　数	10次 × 组数
选手水平	初学者 ▮▮▮▯▯▯▯▯▯ 高水平选手

Menu 086 两名选手回球的多球练习

供球者直线发球时

方法

两名选手（A、B）同时站在场地上。供球者在后场向选手 A 发球，选手 A 第一次回球时在后场练习直线杀球。供球者放直线或斜线网前球，选手 B 网前扑球。选手 B 没有预测来球的位置时，选手 A 要及时上网扑球。

▼设定场景

双打中后场选手制造得分机会，前场选手击球得分；如果前场选手没有得分，后场选手需要上网争取得分。

▶ 供球者回直线球，选手 B 击球。

▶ 供球者回对角线球，如果选手 B 能判断出球路便上前拦截，如果选手 B 无法拦截，则与选手 A 形成多拍僵持对打。

🔸要点　增强攻击性

在选手 A 与供球者之间的球路上，选手 B 将球拦截，形成扣杀。

双打选手配合得分

目标 **后攻前封③**

可以掌握的技巧

▶ 基础巩固
▶ 进攻练习
▶ 防守练习
▶ 综合能力

Menu **087** 两名选手前后场交换位置

次 数 10次 × 组数

选手水平 初学者 ▮▮▮▮▮▮▮ 高水平选手

展开实例

方法

两名选手（A、B）同时站在场地上。供球者在后场向选手A发球，选手A第一次回球的在后场练习直线杀球。供球者放直线或斜线网前球，选手B网前扑球。选手B没有预测来球的位置时，选手A要及时上网扑球；选手B退场，代替选手A的位置，负责后场球。选手A和B不断交换位置进行多拍回合练习。开始练习时，为了防止选手A和B相撞，供球者回球时球速要慢。

▼ 设定场景

根据对手来球情况，前后场选手需要变换站位，交换位置后要移动到原来选手的位置。

▶ 展开示范图

要点

喊出声音，配合接球

选手A和B进行交换位置击球练习。当自己接球时说"我来接"，需要队友配合时说"你来接"。喊出声音来接球。

110

基本打法

基本步法

基本技术综合练习

双打练习

单打练习

模拟比赛

训练计划和方案

双打篇

高濑秀雄的
Try Again

合理的战术在羽毛球双打比赛中至关重要，双打比赛战术的核心内容就是双方选手如何配合。为了使两名选手默契配合，首先要做的就是明确每个人在比赛中的分工，以及在比赛中两名选手及时进行交流沟通。如果两名选手在场上的责任、分工不明确，那么在比赛中就无法发挥出 1+1>2 的效果，甚至还可能影响场下的关系。

✗ 容易犯错误的地方

两名选手在比赛中没有明确分工、没有进行交流沟通的实例

根据对手的回球时机，进行自己的接球练习；也可以进行挥空拍练习。

前场选手对来球毫无反应，直直地站着，这样并没有起到后场选手的作用。前场选手不能等判断好来球在自己负责的区域才准备挥拍，而是要时刻做好接球的准备。

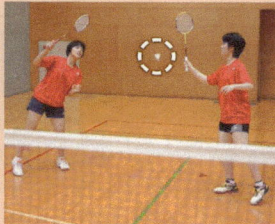

有些情况下的来球让两名选手都觉得应该是由对方来接球，但结果是谁也没去接球。要解决这个问题，首先要明确两个人的防守范围。防守范围中必须要有重叠的区域，但重叠的区域不宜过大。来球在重叠区域时，双方要喊出来确定谁去防守接球。

后场选手杀球后，前场选手网前直线击球，如果对手以对角线勾球回球，后场选手不一定能进行防守，这时候该怎么办呢？这种情况在实际的比赛中经常遇到，下面在"改善方法"中进行详细的解说。

◯ 改善方法

确认前场选手的位置

对手以对角线勾球回球后，前场选手很难回球，此时需要后场选手上网防守。后场选手在杀球时要注意前场选手的站位，如果击球时前场选手和自己在同一侧，就要注意前场另一侧区域需要自己准备去防守。这样一来就不怕对手把球回到另一侧了，但前提是后场选手看得到前场选手的站位而前场选手

看不到后场选手的站位，所以后场选手的移动要根据前场选手的站位来调整，以覆盖本方的防守区域！此外，前场选手即使看不到后场选手的站位，在对方来球而自己无法处理时，也要喊出"你来打"，这在配合中非常重要。

111

目标 双打中多拍对打的组合方案

后场选手在进攻局面下作用更重要

在多拍对打中，后场选手起主要作用。后场选手决定如何打进攻性的球以及如何得分。这并不是指后场选手的杀球就可以直接得分，后场的杀球是为前场选手击球得分做铺垫。

打反手球时要注意"杀球很有力""来球位置不确定""看不出由谁接球"

后场选手在多拍对打中，要给对手三种感觉，分别是"杀球很有力""来球位置不确定""看不出由谁接球"。"杀球很有力"指的是有力的网前扣杀；"来球位置不确定"指的是佯装发力扣杀，实际放小球等这些让对手出乎意料的处理方法；"看不出由谁接球"指的是双打比赛中，有的球让对方无法判断是由哪位选手完成击球，这样对手也就无法判断好球路了。

📢 **教练手册**

首先分清向左侧还是右侧击球

初学者在多拍练习中要注意上述三个要素，但是在开始阶段掌握对手的站位和如何准备接球是比较难的事情。所以就要从向左侧和右侧分别击球开始练习。接下来是设定一些具体的击球位置，比如对手的肩膀、身体，以此进行练习，逐步控制球的飞行路线。

目标 后场选手的强化练习①

可以掌握的技巧
▶ 基础巩固
▶ 进攻练习
▶ 防守练习
▶ 综合能力

Menu **088** 定点多球练习
训练对象：后场选手

| 次数 | 10次 × 组数 |
| 选手水平 | 初学者 ... 高水平选手 |

方法

供球者在网前、中场和后场向后场选手发球，后场选手练习杀球。教练可以提出杀球的目标位置，选手在练习中注意要"很用力"。

▼ **设定场景**

假想后场选手的进攻。

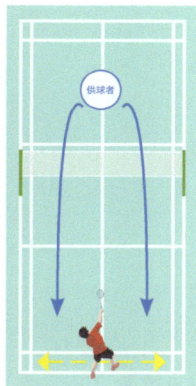

▼ **不同场景**

选手可以多回球到中线，练习让对手"不知道该由谁接球"。如果有两名供球者，也可以练习杀球到后场，或者练习打出出其不意的球路。

右侧栏：基本打法 / 基本步法 / 基本技术综合练习 / 双打练习 / 单打练习 / 模拟比赛 / 训练计划和方案

多拍对打的主干，进攻球的多球练习

目标 **后场选手的强化练习②**

Menu **089** **2个定点多球练习（挥空拍 & 杀球）**
训练对象：后场选手

可以掌握的技巧

- ▶ 基础巩固
- ▶ 进攻练习
- ▶ 防守练习
- ▶ 综合能力

次 数 10次 × 组数

选手水平 初学者 —— 高水平选手

展开实例

挥空拍

A

B

A

B

杀球

挥空拍

B

A

方法

两名选手同时上场，供球者在另外一个半场的中央位置站位。一名选手先挥一下空拍，供球者往后场发球，其中一名选手杀球，另一名选手挥空拍，准备下次杀球。

▼设定场景

假想后场选手的进攻。

▼展开实例

供球者

A B

挥空拍

供球者

①

②

B A

挥空拍

要点

挥空拍也要到位

对初学者来说，最难的就是移动中连续击球。对于下一页中介绍的内容，也可以先进行挥空拍练习。第一次挥空拍也不能想着随便玩玩，要根据来球调整步法，找准击球点。

后场选手的强化练习③

目标

Menu 090 2个定点多球练习（杀球 & 杀球）
训练对象：后场选手

次　数　**10**次 × 组数

选手水平　初学者 ▮▮▮▮▮▮▮▮ 高水平选手

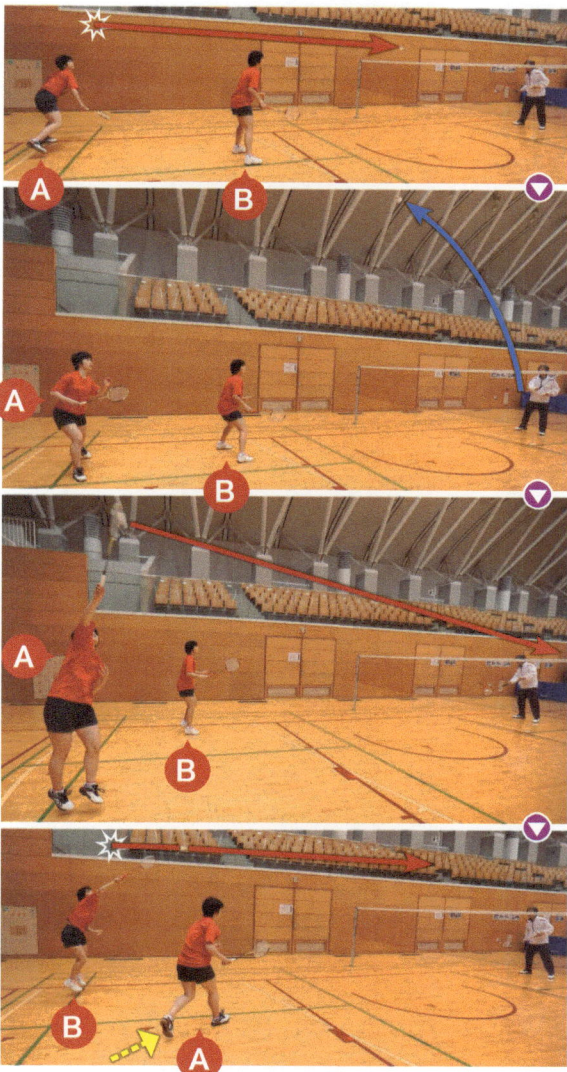

基本打法

基本步法

基本技术综合练习

双打练习

单打练习

模拟比赛

训练计划和方案

方法

两名选手同时上场。供球者在另外一个半场的中央位置站位，向后场选手的正手和反手方向发球，选手练习移动步法和杀球。

▼设定场景

假想后场选手的进攻。

▼展开实例

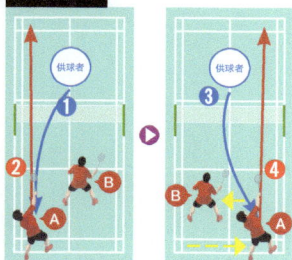

要点

练习同一击球高度的多拍对打

双打比赛中有很多边线球，在练习中就要练习移动到边线的步法，熟悉同一击球高度的击球。

多拍对打的主干，进攻球的多球练习

目标 **后场选手的强化练习④**

Menu **091** 连续杀球

可以掌握的技巧
▶ 基础巩固
▶ 进攻练习
▶ 防守练习
▶ 综合能力

次数 **10次** × 组数

选手水平　初学者　　　　　高水平选手

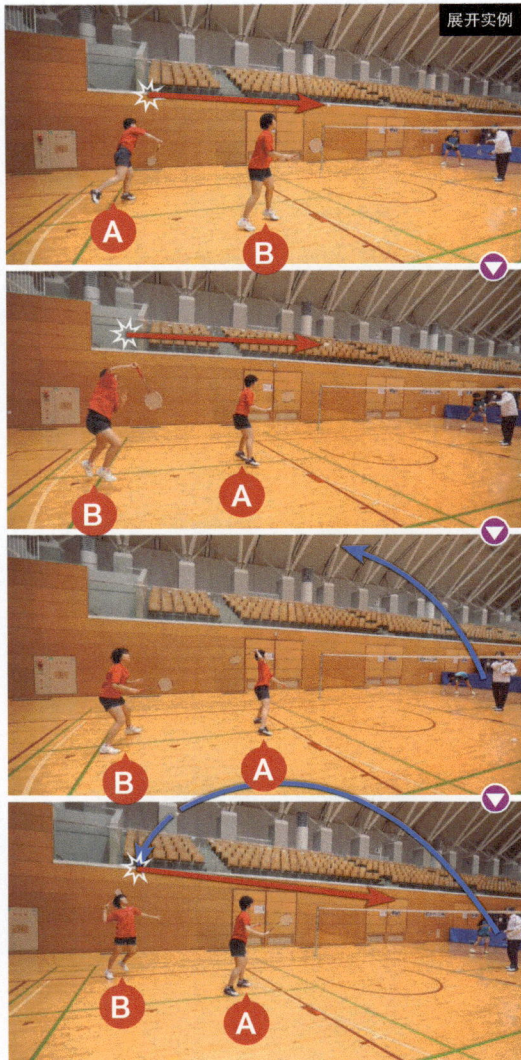

展开实例

方法

两名选手同时上场，供球者在网前与球场中央之间3处不同的位置任意发球（位置和发球随时改变）。距离来球近的选手进行杀球。但是，杀球也要注意时机。教练可以指定杀球路线，也可以不指定杀球路线。

▼设定场景

假想后场选手的进攻动作。不限前场选手或全场选手。

▼展开实例

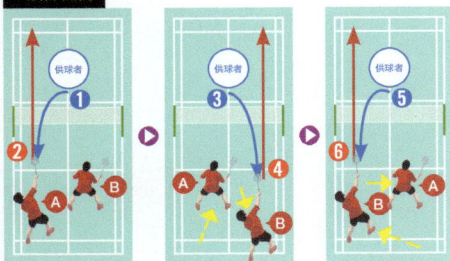

▼不同场景

在练习中也可以两个人一边交换位置，一边进行杀球。

要点

喊出来，确认谁来接球

在防守重叠区域可能两个人都去接球，需要喊出来确认由谁接球，以免发生碰撞。

116

基本打法

基本步法

基本技术综合练习

双打练习

单打练习

模拟比赛

训练计划和方案

双打比赛中后场选手进攻球的有效球路

时，两名选手的站位 ▶对手在中央线的位置打进攻球

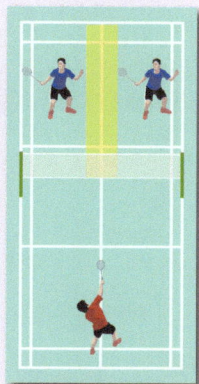

● **两名选手站位的变化**

双打比赛中，为了摆脱被动，伺机转入反攻，首先要调整好防守的站位。具体来说，根据对手打进攻球时的位置，两名选手的站位也要随时变化。

时，两名选手的站位 ▶对手在右侧后场的位置打进攻球

时，两名选手的站位 ▶对手在左侧后场的位置打进攻球

双打时对角线站位更有利

当对方回击高球至后场偏一侧时，位于前面的队员要直线后退，后方的队员看情况向一侧移动，改换成左右站位。最好是两个人的站位连线近似对角线，这样回球质量高（例如图示中上图的示例）。

但是，左手执拍的选手在移动方式、挥拍动作、交换站位方面，都和右手执拍的选手有所不同。

在比赛中，要具体情况具体分析，设计有效的球路。

同时，在这里我要强调打"出其不意"的球。"出其不意"包括两个方面，一个是"挥拍后的来球类型与对手的预测相反"，另一个是"挥拍后的来球球路与对手的预测相反"。

117

目标 边线球的分配和防守练习

可以掌握的技巧

▶ 基础巩固
▶ 进攻练习
▶ 防守练习
▶ 综合能力

防守训练是进攻的基础

在多拍对打的中间部分也要设想防守的场景。对手打进攻球后，两名选手在球场的两侧站位，准备防守。注意回球后，对手的前场选手不能接到球。球路越靠近后场，对手的回球球速也会越慢。击球后，两名选手迅速变换为进攻站位，进攻站位为一前一后。练习中也带球练习。

Menu 092 杀球 & 接发球
训练对象：两侧防守

次 数	10次 × 组数
选手水平	初学者 ▮▮▮▮▮▮ 高水平选手

杀球

接球

变化

前方接球

方法

两名选手在各自场地的同侧。一名选手在近网杀球，另一名选手在后场底线附近杀球。

? 为什么很重要？

回球到对方区域

在防守中最重要的就是将球回到对方区域。同时可以练习多拍回合的技巧。

▼ 不同场景

如果多拍回合不能持续，两名选手都重新回到前场，进行前场接发球练习。

要点

加强反手防守练习

开始防守练习时，球速要慢。在防守中用到反手的机会很多，要加强反手接球的练习。

目标 防守接球的强化练习①

Menu 093 网前的杀球 & 接球
训练对象：两侧防守

可以掌握的技巧
- ▶ 基础巩固
- ▶ 进攻练习
- ▶ 防守练习
- ▶ 综合能力

次 数	10次 × 组数
选手水平	初学者 ▮▮▮▮▮▮ 高水平选手

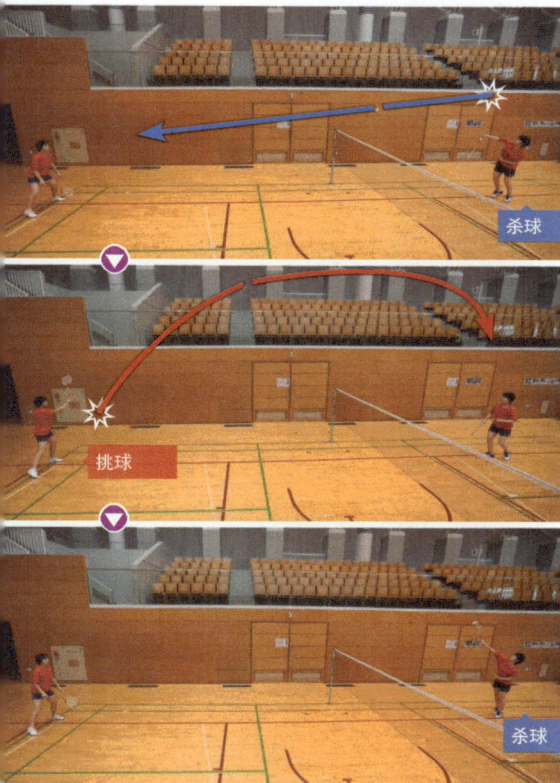

杀球

挑球

杀球

方法

两名选手在各自场地的同侧。一名选手在近网杀球，另一名选手在后场底线附近杀球。

? 为什么很重要？

习惯近距离防守接球

在比赛中比较多见的情况是对手后场杀球。对初学者而言，在后场杀球后很难实现多拍对打，所以就先练习前场的杀球和接发球。

❗ 要点　回球中的力量控制

开始练习时，杀球回球的球速要慢，然后逐渐提高球速。挥拍时，一直画"大圆"，球速就慢；画从"大"到"小"的圆，球速就快，且飞得远。

Level UP! 后场杀球

接下来我们将进一步学习双打中的杀球技巧。我们假想在双打比赛中的杀球，来球位置是边线球，此时选手应在发球线和后场球线中间杀球回球。

杀球

基本打法

基本步法

基本技术综合练习

双打练习

单打练习

模拟比赛

训练计划和方案

目标 **防守接球的强化练习②**

Menu **094** **长球 & 平抽球接球**

可以掌握的技巧
▶ 基础巩固
▶ 进攻练习
▶ 防守练习
▶ 综合能力

次　数 **10次 ×** 组数
选手水平　初学者 ▮▮▮▮▮ 高水平选手

展开实例

杀球

平抽球

接球

高远球

杀球

接球

方法

两名选手在各自场地的同侧。选手 A 在近网杀球，选手 B 平抽球回球。平抽球不靠近网，飞向中后场。选手 A 回球，选手 B 回高远球。选手 A 杀球回球，选手 B 回长远球，反复练习。（杀球→平抽球→接球→高远球→杀球→长远球→反复上述接球）

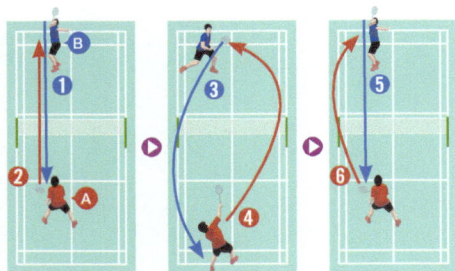

▲ 展开实例

选手 B 进攻 进攻❶杀球❸接球❺杀球
选手 A 防守 ❷平抽球❹高远球❻接球

? **为什么很重要?**

强有力的平抽球回球

在双打比赛中，对手杀球，就以平抽球回球，此时双方选手中进攻方和防守方的位置调换。进攻方也要习惯对手平抽球后要稍稍退场。

要点 **回球位置在球场中线上**

防守的选手尽量控制球的飞行路线，最好是在中线位置上。打长远球时击球位置要低，平抽球时击球位置也要低。

防守接球的强化练习③

目标

Menu 095 勾球接球

可以掌握的技巧	▶ 基础巩固
	▶ 进攻练习
	▶ 防守练习
	▶ 综合能力

| 次数 | 10次 × 组数 |
| 选手水平 | 初学者 ▯▯▯▯▮▮▮▮▮▮ 高水平选手 |

基本打法

基本步法

基本技术综合练习

双打练习

单打练习

模拟比赛

训练计划和方案

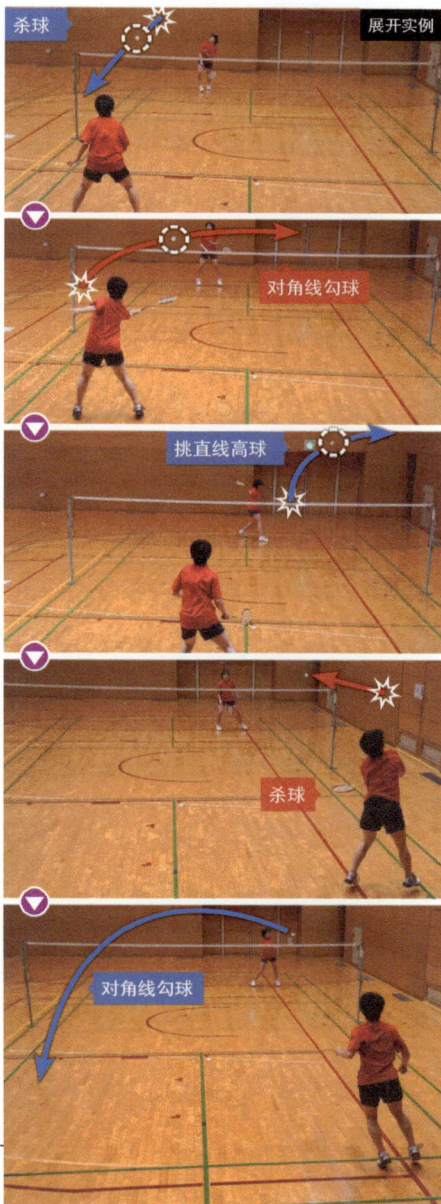

杀球　展开实例

对角线勾球

挑直线高球

杀球

对角线勾球

方法

两名选手在各自场地的同侧。选手 B 在后场杀直线球，选手 A 回后场对角线球（勾球）。选手 B 挑直线球至后场。选手 A 直线杀球。选手 B 对角线接球。选手 A 由防守转为进攻。

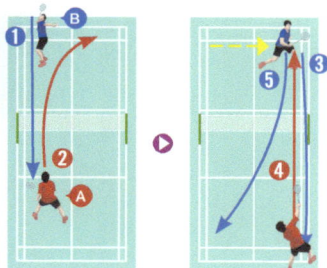

展开实例

▼不同场景

也可以是选手 B 在后场杀对角线球，选手 A 回后场直线球（勾球）。选手 B 挑对角线球至后场。选手 A 由防守转为进攻。

? 为什么很重要？

由防守转为进攻

为了使多拍对打在左侧或者右侧展开，如果攻击的一方都在同侧则击球效果更好。

⚠ 要点　变换勾球方式

一般在反手区需要反手勾球（比较难），在正手区需要正手勾球（比较简单），在练习中需要正手和反手交换练习。

121

防守接球的强化练习 （全方位防守练习接球）

目标

可以掌握的技巧
▶ 基础巩固
▶ 进攻练习
▶ 防守练习
▶ 综合能力

次数 10次 × 组数
选手水平 初学者 | | | | | 高水平选手

Menu 096 不同情况下的接球练习

方法

选手 A 和选手 B 分别入场，按照如下的顺序进行接球练习。

❶ A 发长球
❷ B 吊球
❸ A 杀球
❹ B 网前回球
❺ A 挑高球
❻ B 高远球
❼ A 杀球
❽ B 网前回球
❾ A 挑高球
❿ B 杀球
⓫ A 低手位长远球
⓬ B 杀球
⓭ A 平抽球
⓮ B 后场回长球
⓯ A 高远球
⓰ B 杀球
⓱ A 向后场对角线挑球
⓲ B 对角线高远球
⓳ A 直线高远球
⓴ B 杀球
㉑ A 对角线平抽球
㉒ B 向后场回长球

A 与 B 进行角色互换，继续进行多拍对打练习。

注意！

最开始练习时球速要慢，这样才能进行连续的多拍回合。要达到的目标是打任意球都知道如何应对。

? 为什么很**重要**？

在反复练习中熟悉如何接球

此项练习包括了双打比赛中的接球技术和回球路线。在反复练习中熟悉技术，提高接球质量。在头脑中先记住这些击球顺序。

②B吊球　③A杀球　④B网前回球

⑤A挑高球　⑥B高远球　⑦A杀球

⑧B网前回球　⑨A挑高球　⑩B杀球

⑪A低手位长远球　⑫B杀球　⑬A平抽球

⑭B后场回长球　⑮A高远球　⑯B杀球

⑰A向后场对角线挑球　⑱B对角线高远球　⑲A直线高远球

⑳B杀球　㉑A对角线平抽球　㉒B向后场回长球

基本打法

基本步法

基本技术综合练习

双打练习

单打练习

模拟比赛

训练计划和方案

目标 多拍对打中的战术意识

多拍对打中的主旋律是边移动边击球，在平时的练习中我们就要有比赛的战术意识。在主旋律的部分，比赛战术是"杀球很有力""来球位置不确定""不知道该谁接球"。

Menu 097 球场半侧长球练习

次 数	10次 × 组数	
选手水平	初学者 ▯▯▯▯▯▯▯▯▯▯	高水平选手

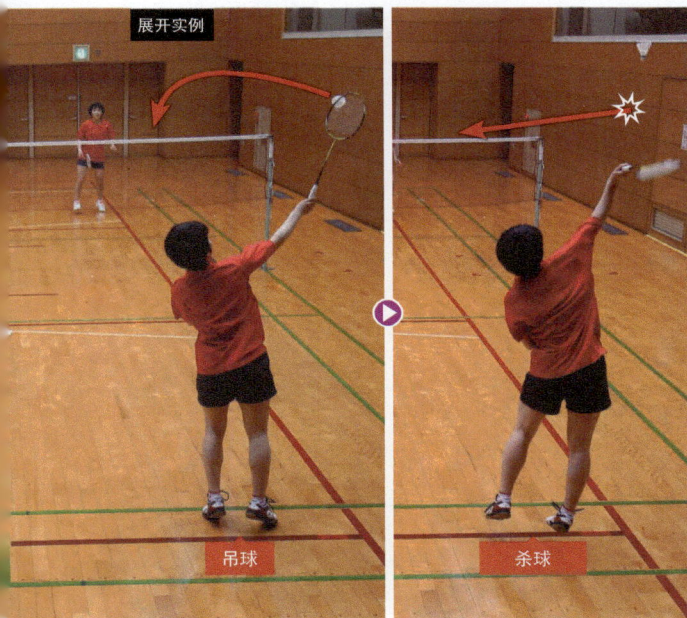

展开实例

吊球

杀球

方法

两名选手在各自场地的同侧。并在球场同侧，选手 A 进攻，进攻球分别为杀球、高远球、吊球。选手 B 用高远球接球回球。杀球一般需要手腕用很大的力量，所以采用屈腕的发力方式；高球主要采用鞭打式的发力方法；吊球时需要发一定的力，但是力又不能太大，所以采用屈捻的方式发力。选手 A 注意手腕动作的瞬间变化，打出令对手出其不意的球路。选手 B 在后场回长球（不停止）。

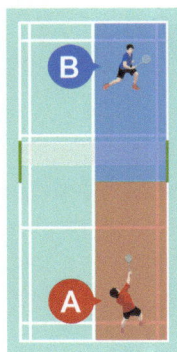

防守B 进攻A

高远球、接球

杀球、高远球、吊球

教练手册

进攻球的基础是杀球，吊球的挥拍动作容易被对手识破

教练说"也可以手腕不挥那么高"，选手就只是吊球。进攻球的基础应该是杀球。而且，你吊球时的姿势很容易被对手识破，教练也要十分注意这一点。打对手一个措手不及可以从两方面考虑，一个是"挥拍后的来球类型与对手预测的反方向"，另一个是"挥拍后的来球球路与对手的预测相反"。

多拍对打中的技战术

目标 # 实战中加强防守①

Menu **098** **2对2进攻和防守的练习**
（出其不意的球路）

可以掌握的技巧

▶ 基础巩固
▶ 进攻练习
▶ 防守练习
▶ 综合能力

次　数　**10次 × 组数**

选手水平　初学者 ▢▢▢▢▢▢▢▢ 高水平选手

基本打法

基本步法

基本技术综合练习

双打练习

单打练习

模拟比赛

训练计划和方案

接球　展开实例

杀球

杀球

勾球

方法

四名选手站在各自场地的同侧。进攻的一方练习挑球、吊球、高远球，并且都是杀球的动作，注意手腕动作的瞬间变化。

▶ 防守方

▶ 进攻方

防守　高远球、接球
进攻　挑球、吊球、高远球、做杀球的动作

教练手册

从打长球开始练习有进攻性的防守

防守方最开始都是向进攻方的后场回球，接下来运用平抽球、勾球等进行有攻击性的防守。

另一方面，检查进攻方的挥拍动作是否故意干扰对手的方法就是，击球后看对手的移动方向。

实战中加强防守②

目标

Menu 099 2对2进攻和防守的练习（用力挥拍）

可以掌握的技巧
▶ 基础巩固
▶ 进攻练习
▶ 防守练习
▶ 综合能力

次 数 10次 × 组数
选手水平 初学者 ——— 高水平选手

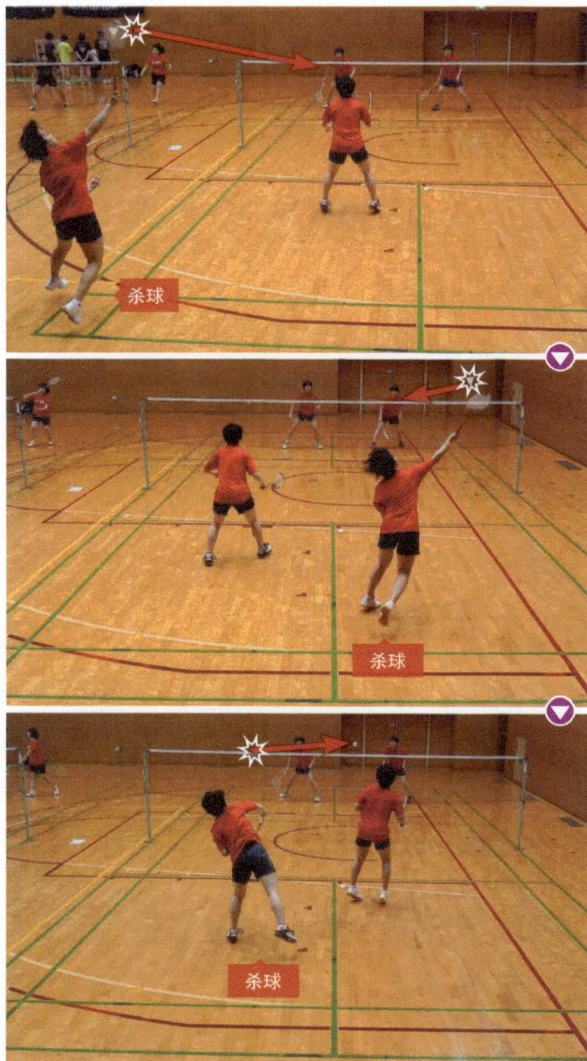

杀球

杀球

杀球

方法

四名选手站在各自场地的同侧。一方选手用杀球、高远球、吊球进攻，另一方选手用高远球回球。进攻方注意挥拍时要用力，在杀球时也要加入吊球以及网前球等技巧。

▶ 防守方

▶ 进攻方

防守 高远球、接球
进攻 杀球、高远球、吊球

要点

注意击球发力

进攻方在挑球、吊球、高远球时要注意发力。检查的要点是推拍方法、左手的使用方法以及身体姿势。

跳步杀球

杀球发力

首先要想着杀球时发力。身体侧身对网，执拍手要开放一点，开始练习时并不用很介意另一只手的位置。执拍手采用"画大圈"的方式，从水平方向将球打出去，接着是侧身起跳的动作，将球拍举过头顶后发力。并不介意起跳高度和腾空时间。也可以练习连续起跳扣杀，通常是垂直起跳，利用起跳的势，将力量传递到球拍。一般人的想法就是在最高点击球，但这是错误的观念，打球其实是要在最舒适的地方击球。杀球的高度比高远球的高度低很多！

杀球的时候有几点很重要，首先要先移到球的后方一点，然后把肩膀向上抬高，整个身体也要跟着拉起来，然后轻松地往下扣！虽然声音不大，但是力度会很大！

要点

不要第一拍就进攻

防守方选手的目标是，使进攻方的前场选手后退，不能前场进攻。最开始时不容易达到，要经过几个回合才能达到目的。

要点

女选手要注意步法的运用

女选手中使用跳步杀球的人越来越多，但是初学者很难做到这一点。所以要用好步法，将力量传递到球拍，使杀球更有力。

咚

咚

起跳

基本打法

基本步法

基本技术综合练习

双打练习

单打练习

模拟比赛

训练计划和方案

目标 **强化开球练习**

可以掌握的技巧

▶ 基础巩固
▶ 进攻练习
▶ 防中练习
▶ 综合能力

前面我们介绍了多拍对打中的得分阶段和中间状态。下面我们将介绍多拍对打中开球阶段的练习。

开球练习中，供球者的作用十分重要。

Menu **100** 进一步练习（选手位置转换）

次　数	10次 × 组数
选手水平	初学者　　　　　高水平选手

方法

两名选手（A、B）同时入场，供球者站在另外半场的中央送球。选手从左右阵型转换为前后阵型。若选手B移动时逆时针、选手A击球时顺时针，理所当然正手击球要比反手击球有攻击力，也就是说逆时针转位易于击球。

▼不同场景

送球者不能一味地送高球，还要假想发球后的网前球，可以进攻击球。

要点

击球位置略高于球网

任何防守接球都是为进攻击球做准备，所以在防守时也要有意识地"在略高于球网的位置击球"。

展开实例

B　　　A

要点建议

从1对1对打开始练习

初学者先从 1 对 1 对打开始练习，练习网前搓球、平抽球。假想这是发球后的第 5 拍，对打中球速要慢，连续回球。注意在回球上网时，一旦能够抢到高点，拍子一定是立起来的，做出扑推动作，给对方一个威胁。

基本打法

基本步法

基本技术综合练习

双打练习

单打练习

模拟比赛

训练计划和方案

目标 **预防意外事故发生①**

可以掌握的技巧

▶ 基础巩固
▶ 进攻练习
▶ 防守练习
▶ 综合能力

次　数　10次 × 组数

选手水平　初学者　　　　　　　高水平选手

Menu 101　平抽球进一步练习

展开实例

A　B

平抽球

平抽球

平抽球

方法

两名选手（A、B）同时入场，供球者站在另外半场的中央位置送球。选手A发球。回球时练习平抽球。选手A和选手B可以交换位置，进行多拍对打练习。

▼不同场景

双打很容易进入对攻环节，因此练习起来比较简单，还要假想发球后的网前球，可以对攻。

供球者

⚠ 要点

平抽球时保持击球高度不变

在平抽球的练习中，选手很容易降低击球高度。在练习中要尽量保持击球高度不变，两名选手也需要喊出来以提醒对方进行这方面的练习。

目标 预防意外事故发生②

Menu 102 前场球变化练习

可以掌握的技巧

▶ 基础巩固
▶ 进攻练习
▶ 防守练习
▶ 综合能力

次 数 **10次** × 组数
选手水平 初学者 ▮▮▮▮▮ 高水平选手

基本打法

基本步法

基本技术综合练习

双打练习

单打练习

模拟比赛

训练计划和方案

展开实例

平抽球 / 搓球 / 杀球

平抽球 / 杀球

方法

两名选手（A、B）同时入场，供球者站在另外半场中央位置送球。选手 A 发球。回球时练习平抽球、搓球和扑球。选手 A 和选手 B 的回球目标都是跳步后杀球。

▼不同场景

假想开球部分从前场球到与对方平抽对攻。目标是逼迫对手回网前机会球并扑球扣杀。

供球者

供球者送球要有变化，有时送球的球速慢，有时集中让选手练习杀球。

🔥 要点

减少防守球

选手回球时①起跳后杀球②平抽球③扑球，尽量减少低手位回球。

模式化开球部分

目标

Menu 103 4 次球练习

可以掌握的技巧

▶ 基础巩固
▶ 进攻练习
▶ 防守练习
▶ 综合能力

次 数 10次 × 组数

选手水平 初学者 ▮▮▮▮▮▮▮ 高水平选手

等待时机

想象第2次回球做推球的挥空拍动作

A

B

送球位置为左右两侧

想象第3次回球

想象第4次回球扑球

选手B进入练习

从选手B到选手A进行练习

选手A等待时机

选手B扑球

回球至中线

方法

两名选手（A、B）同时入场，供球者站在另外半场后场送球。供球者送网前球，选手A练习网前扑球，球场中央的来球由选手B以杀球回击。供球者可以不断地变化自己的站位来送球。

▼不同场景

假想双打比赛中的 4次回球。如果选手A练习回球，第1球是发球，第2球是选手A的杀球，第3球是供球者回球，第4球是选手A或者选手B回球。

供球者回球在两侧

供球者

A回球

供球者回球在中央

供球者

B回球

要点 预测来球的可能性

双打比赛中最容易出现失误的地方是发球后第一次接球。所以，我们要掌握一些发球后接球的技巧。前场选手负责放网、扑球和推球。不同击球方式在比赛中有不同作用，放网和多拍对打在和对手处在势均力敌的状态时进行，推球是为进入扑球得分做铺垫。无论处在哪种情况都要清楚自己的击球目的并预测来球的位置和路线，为下一拍做好准备。

实战中双打的多拍对打组合方式

基本打法

基本步法

基本技术综合练习

双打练习

单打练习

模拟比赛

训练计划和方案

可以掌握的技巧

▶ 基础巩固

▶ 进攻练习

▶ 防守练习

▶ 综合能力

之前的内容中我们介绍了多拍对打的三个部分，现在我们介绍一下更接近实战的多拍对打组合方式。

Menu 104　从发长球开始，到 2 对 2 对打

次 数　10 次 × 组数

选手水平　初学者 ▮▮▮▮▮▮▮ 高水平选手

方法　两组选手，从发长球开始，进行模拟比赛练习。

发长球

?　为什么很重要？

多拍对打的中间状态认定

我们可以将前场选手击球认为是多拍对打中间部分的开始。这就需要仔细研究一下进攻方和防守方，哪一侧的前场选手需要先开始击球。

Menu 105　从机会球开始，到 2 对 2 对打

次 数　10 次 × 组数

选手水平　初学者 ▮▮▮▮▮▮▮ 高水平选手

方法　双打选手从关键球开始进行多拍对打，看哪一边先取得一分。关键球也并不是一拍过后就能得分。

机会球

杀球

?　为什么很重要？

多拍对打的得分阶段认定

我们可以将"击球后，下一步准备移动"认定为多拍对打的得分阶段。即使是关键球，也要做好 3 次击球准备。供球者在球场外送关键球比较容易。

双打中多拍对打成型①

目标

可以掌握的技巧

▶ 基础巩固
▶ 进攻练习
▶ 防守练习
▶ 综合能力

次　数	10次 × 组数
选手水平	初学者　　　　　　　　高水平选手

展开实例

杀球

接发球

吊球

长远球

方法

双方选手均入场，模拟双打比赛。一方扮演进攻方，另一方扮演防守方。防守方选手在模拟比赛中的平抽球等，使球飞过球网后呈向上飞的趋势。

? 为什么很重要?

培养多拍对打的能力

初学者，尤其是男选手不能很好地控制发力，多拍对打往往持续不了几拍。关键技术处理得好，一方面可以增加多拍对打的回合数，另一方面也可以培养选手在比赛中的多拍对打能力。战术方面，要永远想着比对手多打一拍。

! 要点

多拍对打的关键是多个回合

球速慢，多拍对打中持续的时间就长。进攻方不要回杀球，要练习吊球、挑球和高远球，并在练习的过程中给对手制造"来球位置不确定"的感觉，或者将球打到中线位置，让对方选手"不知道该谁接球"。防守方在防守中要充分回挑球来防守。

目标

双打中多拍对打成型②

Menu **107** **2 对 3 模拟练习**

可以掌握的技巧

▶ 基础巩固
▶ 进攻练习
▶ 防守练习
▶ 综合能力

次数	10次 × 组数
选手水平	初学者 ▭▭▭▭▭▭▭ 高水平选手

基本打法

基本步法

基本技术综合练习

双打练习

单打练习

模拟比赛

训练计划和方案

展开实例
杀球
接发球
扑球
接发球

方法

球网两侧一方选手 3 人，另一方选手 2 人，按照双打比赛的规则练习。3 人的一侧，1 人在前场，2 人在后场。2 人侧选手争取关键分。

？ 为什么很重要?

将多拍对打和进攻区分

在比赛中可以运用不同战术赢得比赛。一种是进攻得分，还有一种是多拍对打造成对手失误得分。对方是 3 名选手的情况下，进攻球得分更加有效，同时可以培养前场选手的防守能力。

要点

积极防守

本次练习我们着重强调培养 2 名选手的防守能力。但是要注意在防守中制造进攻的机会。比如击打平抽球后，对手低手位回球就给自己创造了进攻的机会。

双打中的步法

目标 **双打比赛中的专用步法①**

可以掌握的技巧
- ▶ 基础巩固
- ▶ 进攻练习
- ▶ 防守练习
- ▶ 综合能力

在双打比赛中有适合双打的比赛步法。在第2章中我们已经介绍了蹬跨步、交叉步等基本步法，下面介绍在双打比赛中如何将这些基本步法合理搭配使用。当然，这也是双打比赛的战术之一。

Menu **108** 跳步

次　数	10秒 × 组数	
选手水平	初学者 → 高水平选手	

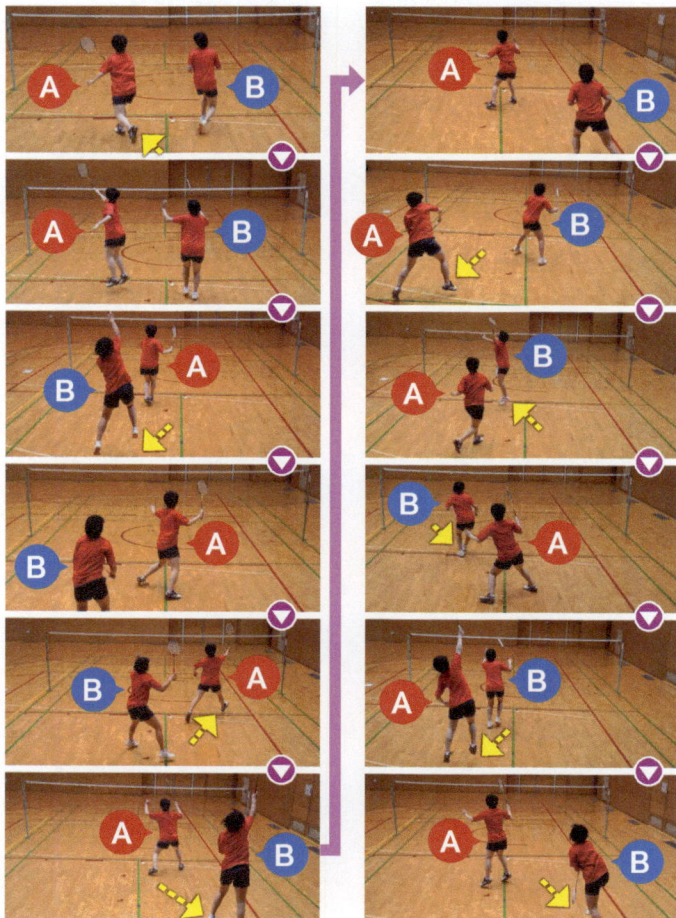

方法

选手A从半场中央跳步到四个角的位置，跳步到前场位置时扑球，跳步到后场位置时杀球。选手B马上跟进到半场中央位置，准备向其他3个点移动。选手A和选手B反复交替练习。击球时注意步法。

要点

在双打比赛中横向移动的情况比较多，一般移动1到2步，经常使用的是滑步、横跨步、后交叉步和跳步。练习双打比赛的步法是，进行每种步法10秒的组合练习。

双打中的步法

目标 **双打比赛中的专用步法②**

Menu **109** 指示步法

可以掌握的技巧

▶ 基础巩固
▶ 进攻练习
▶ 防守练习
▶ 综合能力

次 数	10秒 × 组数
选手水平	初学者 ▮▮▮▮▮▮▮ 高水平选手

教练向选手A指示正手前场位置

A

B

教练向选手B指示反手前场位置

负责其他3点

挥空拍

负责其余3点

挥空拍

教练向选手A指示正手后场位置

方法

1 名教练和 2 名选手入场。选手 A 在前场，选手 B 在后场。教练向选手 A 指定前场任意位置，选手 A 移动，选手 B 做好向其余任意 3 点移动的准备。每 10 秒进行一组练习。选手 B 和 A 交换位置，选手 B 重复选手 A 的练习。

? 为什么很重要？

增强选手配合能力

这个练习一方面可以训练前场选手的移动步法，另一方面可以培养搭档配合防守的意识。后场选手不但要关注来球路线，还要注意对手的动作以及搭档的站位。

🥤 要点

后场选手要关注空缺位置

前场选手看不到后场，所以后场选手要根据前场选手的移动，来防守空缺的位置。

基本打法

基本步法

基本技术综合练习

双打练习

单打练习

模拟比赛

训练计划和方案

双打中的步法

目标 **双打比赛中的专用步法③**

Menu **110** 影子移动步法

可以掌握的技巧
- ▶ 基础巩固
- ▶ 进攻练习
- ▶ 防守练习
- ▶ 综合能力

次数	10秒 × 组数

| 选手水平 | 初学者 | | | | | | | 高水平选手 |

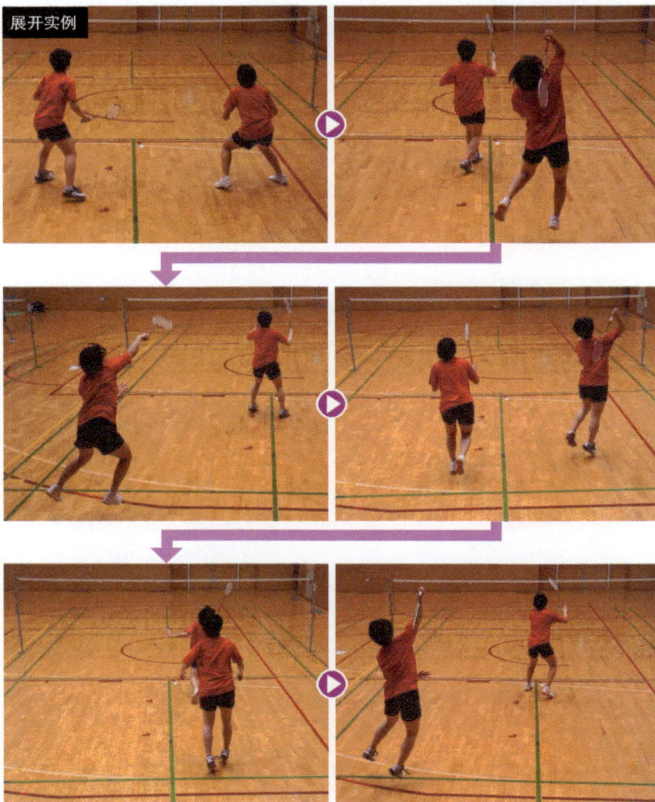

展开实例

方法

模拟双打比赛，2 名选手练习移动步法。

要点

配合搭档移动

看清搭档的移动位置后要像影子一样跟着他。在比赛中喊出声音对方能更好地配合。

▶不同场景

4 人模拟双打比赛场景。根据对手的来球和搭档的移动，自己调整步法。

138

第 5 章

单打练习

单打比赛是一个人与另一个人的较量。
防守是单打比赛中得分的制胜法宝，
选手在进攻、防守、体能方面要全面发展，
多拍对打的练习可以兼顾技术与体能。

目标 单打比赛中的战术

单打比赛是一个人的战役

"良好的体能基础""精湛的技术经验""强大的心理素质""合理的比赛战术",是对一名优秀的羽毛球选手的要求。在单打比赛中,"精湛的技术经验"和"良好的体能基础"更为重要。简单地说,在战术方法中,取胜的方法就是如何比对手多打一拍球。

单打比赛的战术和训练阶段

双打比赛中的战术(p.107)也适用于单打比赛,那么在比赛中什么才是取胜的关键呢?

单打战术A

自己进攻
自己得分
→进攻、得分

在球场的目标

↓

在近网进攻得分

单打战术B

在近网处进行
多拍对打
→多拍对打,保证不输

在球场的目标

↓

多拍回合中
比对手多一拍

佐佐木翔(译者注:曾代表日本队出征2010年广州亚运会和2012年伦敦奥运会)

要点建议

单打比赛中防守比进攻更重要

在双打比赛中,后场选手制造机会,前场选手回扑球得分。类似这样的配合使进攻得分的机会更多。

但是,在单打比赛中,一个人就要身兼两职,只有这一拍防守出色,下一拍才有可能掌握主动权。

所以,为了在单打比赛中获胜,在平时的训练中就要加强多拍对打的训练,良好的体能更是进行多拍对打的基础保障。

目标 ## 通过分阶段练习,培养单打比赛对抗能力

什么是分阶段练习?

在单打比赛中,选手的挥拍技术与移动步法决定着比赛的质量。功夫在平时,可以用分阶段训练的方法将这两个方面的个人技术打磨得更精湛。

在训练中,选手要脚踏实地,运作幅度要从小到大,从慢到快,从少到多,从简单到复杂,这样才能慢慢地掌握技巧。

挑球阶段练习实例

分阶段练习实例

阶段1
手抛球练习

首先,供球者向半场四个点抛球(图为正手前场),选手以挑球回球。

阶段2
带步法练习

练习从反手前场和后场任意一点移动至正手前场并挥空拍。

阶段3
击球练习

首先在除正手前场外的任意位置击球,供球者回球至选手正手前场位置,选手移动并以挑球回球。

阶段4
击球练习

1名供球者加上最多3名助手上场,供球者回球让选手进行对角线多拍对打练习。

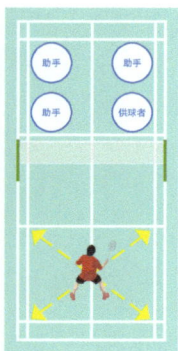

📢 **教练手册**

锻炼教练的观察能力

分阶段练习的一个优点就是,教练可以很容易地发现选手"哪些掌握了,哪些没掌握""哪些地方有提高的空间",发现问题,并可以随时纠正。教练训练选手的过程也是不断地提高个人观察能力和洞察力的过程。

基本打法

基本步法

基本技术综合练习

双打练习

单打练习

模拟比赛

训练计划和方案

进行分阶段练习

目标

可以掌握的技巧

▶ 基础巩固
▶ 进攻练习
▶ 防守练习
▶ 综合能力

在进一步练习中，供球者逐步改变送球的位置和送球的方式，选手与供球者进行多拍对打的练习。根据我的个人经验，指定选手的击球的位置和打法是一种很有效的训练方式。在进一步练习中，不是让你能打多久就打多久，而是通过针对性训练，达到在比赛中能随机应变的效果。

在接下来的Menu111~113中，我们都以"从中心位置向正手后场位置移动并击球"为例，进行分阶段练习。从正手后场出发，到击球的位置，在练习中让身体熟悉移动步法和击球方式。供球者应根据训练内容的不同变换站位和送球方式。具体参照Menu078~080。

Menu 111 定点，一种回球方式练习

次数 **10次 × 组数**

选手水平 初学者 —————— 高水平选手

方法

供球者在自己区域的正手前场位置用球拍送球，选手在正手后场位置以挑球回球。供球者注意保持送球的节奏和送球的高度。

要点 选择合适的移动步法

在退场的过程中，要选择适当的移动步法，教练也可以指定移动步法。

？ 为什么很重要？

让击球与脚步更稳定

在练习正手后场球的击球方式的同时，也可以掌握前场放网的击球方式。通过本阶段练习单打比赛中不同位置的移动步法和击球方式。

选手也可以练习从中心位置到正手前场、反手前场和反手后场来进行击球练习

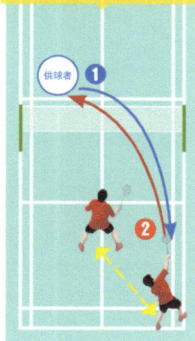

供球者 ①
②

基本打法

基本步法

基本技术综合练习

双打练习

单打练习

模拟比赛

训练计划和方案

目标 提高难度练习①

Menu **112** 定点，多种回球方式练习

次 数	**10次 × 组数**

选手水平 初学者 ▮▮▮▮▮▮ 高水平选手

可以掌握的技巧
- ▶ 基础巩固
- ▶ 进攻练习
- ▶ 防守练习
- ▶ 综合能力

方法 供球者在自己区域的正手前场位置用球拍送球，选手在正手后场回球。供球者要注意改变送球的高度和速度。选手要选择合适的移动步法和击球方式来回球。

? 为什么很重要？

选手也可以练习从中心位置到正手前场、反手前场和反手后场来进行击球练习

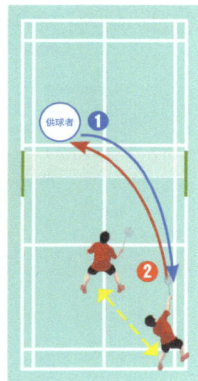

练习随机应变的能力

在比赛中，对手的回球不可能是一成不变的。通过训练，我们要达到面对任何来球，都可以下意识地调整步法并选择正确的击球方式，来控制比赛。

注意！ 选择合适的移动步法

教练手册

分步骤练习和贯通练习

对于羽毛球初学者，是从基础开始将所有技术都学习一遍更有效，还是分步骤将每一个步骤都练习好，再进入下一个阶段更有效呢？这个因人而异，我的建议是，即使能完成所有的技术功作，也要贯通练习，在此基础上，找合适的时间，哪里有问题再进一步强化，对于训练的环境（使用的场地、教练，是否和有经验的选手一同练习等），也需要根据球员的实际情况制订不同的方案。

143

目标 提高难度练习②

次　数	10次 × 组数

可以掌握的技巧
- ▶ 基础巩固
- ▶ 进攻练习
- ▶ 防守练习
- ▶ 综合能力

Menu 113　不定点，一种回球方式练习

方法 供球者在自己区域的正手前场位置用球拍送球，选手在正手后场、正手前场、反手后场和反手前场练习接球，击球方式相同。

展开实例

Menu 114　不定点，多种回球方式练习

次　数	10次 × 组数

方法 供球者不断变化送球的位置和送球的方式，选手选择合适的移动步法移动到击球位置并回球。供球者助手在不同的位置接选手的回球。

? 为什么很重要?

掌握移动步法

比赛中对手总是会将球击至半场的四个角。首先要加强四个角的移动步法练习。

要点

针对性练习

即使是非定点来球，移动步法的选择也很重要，要有针对性地练习移动步法。如果无法完成，可以进行定点接球的训练。

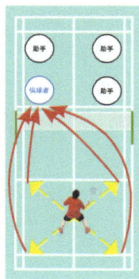

Level UP!

多拍对打练习时，球速要慢

在练习多拍对打时，我们要思考移动步法和击球方式，而不是一味地追求球速。对于球速较慢的多拍对打，并非通过发力取胜，而是要在多拍对打的回合中，通过多打几拍回合，思考对方的打法与球路。

基本打法

基本步法

基本技术综合练习

双打练习

单打练习

模拟比赛

训练计划和方案

分组练习

目标 # 分组练习,提高多拍对打能力

可以掌握的技巧

▶ 基础巩固
▶ 进攻练习
▶ 防守练习
▶ 综合能力

让身体熟悉有代表性的移动步法和挥拍方式

在分组练习中可以练习多拍对打的能力和耐力,并两两组合,使练习接近比赛。

Menu **115** 互相杀球

次 数 **10次** × 组数
选手水平 初学者 ——— 高水平选手

注意!
杀球也要针对对手的正手和反手区域

❷杀球

❺杀球

❸网前球

❻网前球

注意!
防守时,注意高手位挑球和低手位挑球的使用

❹挑高球

❼挑高球

方法 ▶
按照以下顺序进行击球练习

❶ A 发长球
❷ B 杀球
❸ A 网前球(放网)
❹ B 挑高球
❺ A 杀球
❻ B 网前球(放网)
❼ A 挑高球
从❷开始循环重复

? ## 为什么很重要?

杀球后不能松懈

有的选手杀球后容易松懈。在单打比赛中,一方防守,另一方进攻,两者角色不断交换,在练习中也要注意攻防角色的不断转换,并体会其中感觉。

互相杀球 + 高远球

方法

具体步骤见图例。在场地中 1 对 1 单打，发球选手发长球，接球选手回网前球，双方形成对打后，再互相练习杀球，然后练习搓球、放网前小球。

▶顺序

❶ A 发长远球
❷ B 高远球
❸ A 高远球
❹ B 杀球
❺ A 网前球（放网）
❻ B 挑高球
❼ A 杀球
❽ B 网前球（放网）
❾ 挑高球
从❷开始循环重复

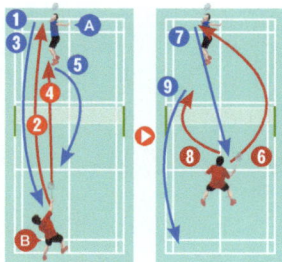

🏸 **要点** ## 挥拍动作相同

打高远球和杀球时挥拍，动作相同，主要区别是击球点的不同，杀球的击球点比高远球靠前。击球后返回中心位置。练习在不同高度和不同位置的杀球和高远球。

互相杀球 + 高远球 + 搓球

方法

在场地中 1 对 1 单打，按 Menu116 中的要求，互相回搓球形成网前小球多拍对打。

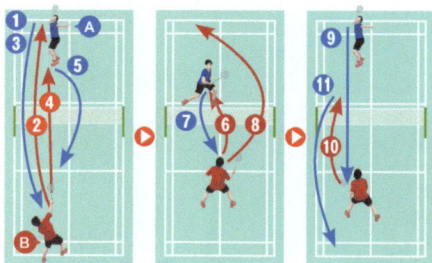

🏸 **要点** ## 搓球很重要

搓球击球法是从离网顶 30 厘米或者更高处，以球拍搓切球托的左侧、右侧或者底部，使球向右侧或左侧旋转并翻滚过网。球的旋转翻滚性能越强，对方回击的难度就越大。

注意！ 以球拍搓切球托的左侧、右侧或者底部，使球向右侧或左侧旋转并翻滚过网

搓球放网

▲顺序

❶ A 发长球
❷ B 高远球
❸ A 高远球
❹ B 杀球
❺ A 网前球（放网）
❻ B 搓球
❼ A 搓球
❽ B 挑高球
❾ A 杀球
❿ B 网前球（放网）
⓫ A 挑高球
从❷开始循环重复

👆 **要点建议** ## 在训练中反思错误

在分组练习中我们希望的是双方能持续多拍对打。同时要注意阶段性总结，分析失误的原因，纠正失误的地方，并反复练习。对于初学者，可以计算进行了多少拍回合。我们希望练习者可以集中精力多拍对打，尽量持续更多回合。

基本打法

基本步法

基本技术综合练习

双打练习

单打练习

模拟比赛

训练计划和方案

Menu **118** 基本高远球对打练习 1

次 数	10次 × 组数
选手水平	初学者 ▮▮▮▮▮▮▮▮▮ 高水平选手

方法 选手 A 进行高远球和对角线吊球练习。
选手 B 回网前球和高远球。

▶顺序

❶ A 和 B 高远球
（每人3拍）
❷ A 对角线吊球
❸ B 网前球（搓球）
❹ A 对角线挑球
❺ B 高远球
从❶开始循环重复

? **为什么很重要?**

更改球路

在练习中通过对角线（斜线）吊球更改球路，来调动对手变换击球位置。

❷交替更改球路

Menu **119** 基本高远球对打练习 2

次 数	10次 × 组数
选手水平	初学者 ▮▮▮▮▮▮▮▮▮ 高水平选手

方法

选手 A 和 B 交替进行高远球和吊球练习。

▶顺序

❶ A 和 B 高远球
（3拍每人）
❷ A 对角线吊球
❸ B 网前球（搓球）
❹ A 对角线挑球
❺ B 对角线高远球
❻ A 高远球
❼ B 对角线吊球
❽ A 网前球（搓球）
❾ B 对角线挑球
❿ A 对角线高远球
从❶开始循环重复

? **为什么很重要?**

争取主动权

陷入被动局面时，可以用斜线高远球来救球，恢复多拍对打。在多拍对打中陷入被动，可以通过回球重新掌握主动权。

注意!
对于来球位置比较低的吊球，可以跳起来回球。

👆 **要点建议**

在单打比赛中对角线移动

Menu118 和 119 中对角线吊球后，对手需要以对角线退场接球。对手对角线放网后，自己也需要以对角线后退球。在单打比赛中，"对角线移动"是一个很重要的部分，需要被重点掌握。

147

次　数 **10次 × 组数**

选手水平 初学者　高水平选手

方法

供球者站在自己的正手后场位置送球。送球方式为直线或者对角线挑球（或吊球）。选手从中心位置出发进行回球练习。供球者可以左右移动着供球，也可以设置一名助理，送不同线路的球。

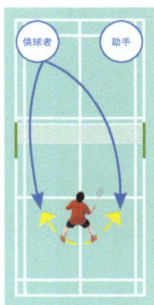

⚠️ **要点**

横跨步的位置

接球时要尽量根据对手的来球位置做出调整。近网球就要上网，侧手球要横跨一步，并移动重心。移动重心要适当。

近网球

侧手球

次　数 **10次 × 组数**

选手水平 初学者　高水平选手

方法

供球者站在自己的正手后场位置送球。送球方式为直线或者对角线挑球（或吊球）。选手进行回球练习。供球者移动位置至后场或边线，给选手送不同位置的球。

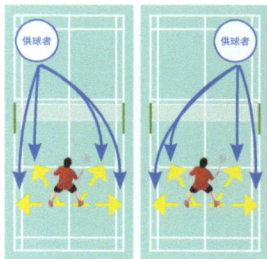

展开实例

Level UP!

侧手球的多拍练习

在练习中，选手和供球者都要打侧手球，这样才更接近比赛实况，选手才能更好地练习侧手位接挑球和吊球。这种练习更加接近实战，也可以在练习中加入扣杀。

基本打法

基本步法

基本技术综合练习

双打练习

单打练习

模拟比赛

训练计划和方案

次　数	10次 × 组数

| 选手水平 | 初学者 ▮▮▮▮▮▮▮▮ 高水平选手 |

目标 抓住网前机会球得分①

Menu 122 上网扑球

可以掌握的技巧

▶ 基础巩固

▶ 进攻练习

▶ 防守练习

▶ 综合能力

展开实例

挑球

上网扑球

方法

防守和进攻同时练习。分组 1 对 1 练习，发球方的首要目标是使球不落网，所以在击球时要攻防配合。通过挑球和网前球，使对手回球速较慢的球，然后迅速上网扑球。

? 为什么很重要？

要有赢球意识

在单打比赛中，即使是掠网而下的来球，选手也要尽最大的可能去接，这对个人技术的提高至关重要。对初学者而言，目标就是让球在对方的区域内落网。

要点

主动进攻

如果来球球速较慢，一定要积极上网扑球。在移动中注意步法，就可以有更多的处理网前球的选择。

次 数	**10**次 × 组数

目标 **抓住网前机会球得分②**

Menu 123 **1对2进攻练习**

选手水平

可以掌握的技巧
► 基础巩固
► 进攻练习
► 防守练习
► 综合能力

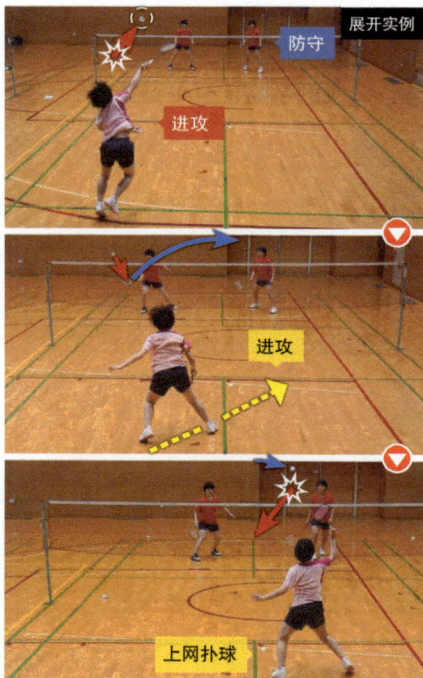
展开实例
防守
进攻
进攻
上网扑球

方法

1人负责进攻，2人负责防守。2个人的回球位置都是网前。进攻方上网扑球。

? 为什么很重要?

进攻方要想清楚后再扑球

进攻方不是随随便便扑球，不管下一拍怎么打，在扑球前就要意识到自己已经掌握了主动权，要想清楚下一拍甚至下下拍的动作。

要点

抓住关键球得分

单打比赛中，抓住多拍对打的关键球很重要，要选择合适的移动步法上网击球，并在比赛中争取主动权。

教练手册

不放过任何一个失误

零失误是一件说起来容易，做起来难的事情。教练本人在多拍对打中也不能保证零失误。有的选手在关键分上总是出现失误，这是因为他过于着急，太想赢比赛。作为教练，不但要对选手的技术方面进行指导，也要教选手如何调整心理状态。对于比赛中的细节，例如"回球质量不高""球速过慢""后场球没有靠近底线"，要及时向选手指出，并且要强调"网前进攻"这一单打比赛中的战术的重要性。

第 6 章

模拟比赛

在比赛前，需要一些强化性练习使选手更快地适应比赛节奏，
练习在被动局面下如何回球并掌握主动权很重要。
教练要分析选手在模拟比赛中的状态，
为选手准备比赛提出更有建设性的意见。

提高水平从陷入被动局面开始练习①

目标

可以掌握的技巧

▶ 基础巩固
▶ 让发练习
▶ 防守练习
▶ 综合能力

用供球的方式进行比赛模拟

在比赛前，我们更需要模拟让选手陷入被动局面进行回球的练习。接下来，我主要给大家介绍弥补弱点和提高多拍对打能力的方法。多球练习可以很好地模拟被动局面，但为了让选手体会"击球节奏"和"击球时机"，我们最好分组进行对打练习。

Menu **124** **后场的被动局面**

次　数	10次 × 组数
选手水平	初学者 ～ 高水平选手

方法

选手在网前搓球（❶），供球者向选手后场挑球（❷），选手迅速移动到后场并回球给供球者助手（❸）。供球者助手回直线杀球（❹），选手回球（❺）。从（❶）开始循环重复。

展开实例

❶搓球

？ **为什么很重要？**

后场陷入被动局面的反击

当对手回球至后场时，不但要回球，还要打进攻球。

注意区分步法

❸对角线高远球

基本打法

基本步法

基本技术综合练习

双打练习

单打练习

模拟比赛

训练计划和方案

🔺 要点　移动步法的选择

对手回球至后场后，选手在向后场移动的过程中选择的步法对整个身体姿势都有影响，所以要选择合适的移动步法。

▶例①横跨步

当击球位置与球落下的位置有距离时，用横跨步调整。后脚的声音清脆。

▶例②后交叉步

接近底线的来球用后交叉步移动去回球。注意落地时的位置。

▶例③跳步

来球是位置较低的挑球时，用跳步回球。

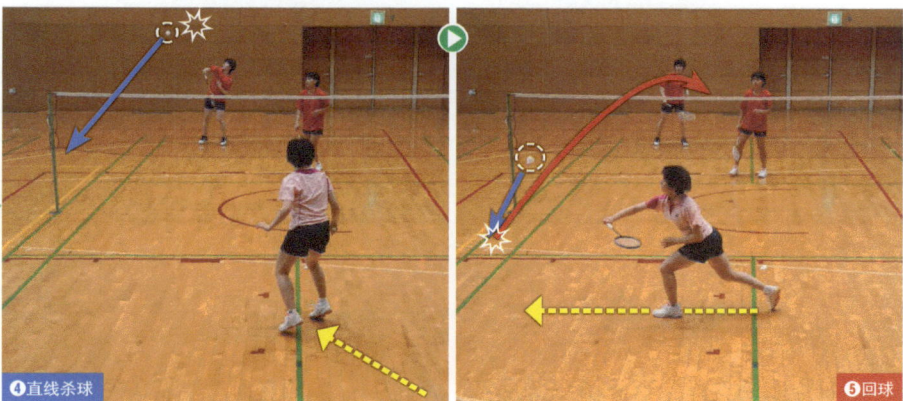

供球者根据选手水平调整回球速度。最好是回接近底线和边线的球

❶搓球

❷挑球

❹直线杀球

❺回球

提高水平从陷入被动局面开始练习②

目标

Menu 125 前场的被动局面

次数	10次 × 组数
选手水平	初学者 ▢▢▢▢▢▢▢▢ 高水平选手

可以掌握的技巧

▶ 基础巩固
▶ 进攻练习
▶ 防守练习
▶ 组合能力

方法

选手向供球者打吊球或挑球（❶），供球者回网前球（❷），选手冲刺上网，向对手后场回挑球（❸）。供球者助手回直线高远球（❹），选手回球至供球者（❺）。循环上述步骤。

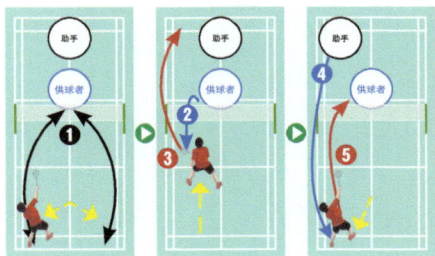

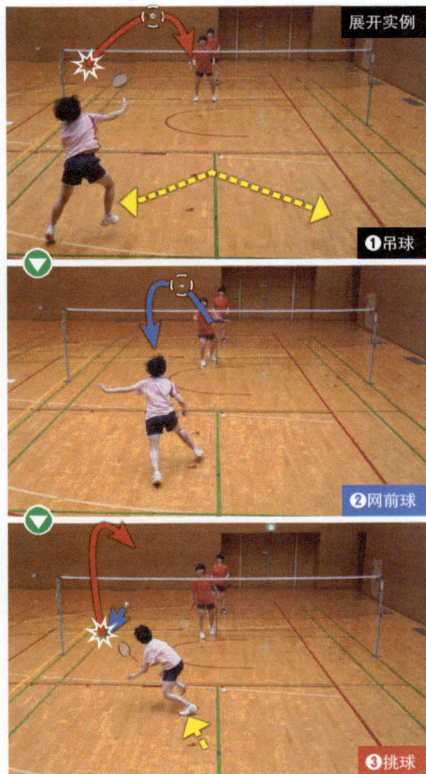

❶吊球

❷网前球

❸挑球

展开实例

？ 为什么很**重要**?

前场陷入被动局面的反击

当对手回球至前场时，不但要回球，还要打进攻球，将被动局面转化为主动局面。

⚠ 要点

挥拍前停一下

来球在网前时要冲刺跑。但是在挥拍前不要忘记停一下调整姿势，如果没有做好，很可能会因身体失去平衡而跌倒。

脚落地时，前脚掌上抬，脚后跟着地，脚向外打开，这样不容易摔倒

正确示范

错误示范

膝盖比脚尖位置靠前，身体失去平衡

目标

提高水平从陷入被动局面开始练习③

Menu 126 其他来球的被动局面

次　数	10次 × 组数

选手水平	初学者 ▭▭▭▭▭▭▭▭ 高水平选手

可以掌握的技巧

- ▶ 基础氛围
- ▶ 进攻练习
- ▶ 防守练习
- ▶ 综合能力

基本打法

基本步法

基本技术综合练习

双打练习

单打练习

模拟比赛

训练计划和方案

所有攻击的展开实例

方法

选手和供球者助手先进行 **1** 多拍对打练习，**2** 进攻练习。（最好是能够给两名供球者助手造成麻烦），**3** 防守练习。供球者任意向选手的前场或者后场发球，选手站在一侧进行多拍对打，此时供球者助手可以站在前场或后场供球。

在多拍对打中如果球落网了，供球者要马上给选手送球，并让选手陷入被动局面

? 为什么很重要？

中间没有休息，可以锻炼选手的耐力

🔺 要点

在多拍对打中也要注意发力，让多拍对打更有攻击性

> **目标**

根据选手水平与训练场地,灵活运用限定条件的练习

限定条件可以分为:❶限定回球方式❷限定回球范围❸限定时间❹限定人数❺限定分数

在俱乐部中各个选手的水平参差不齐,对每个选手有效的训练方式也不尽相同。通过限定不同的

条件可以让不同水平的选手在一起训练,互相帮助,提高技术。

❶限定回球方式

<例1>
高水平选手"不杀球"

和高水平选手对打时规定对方不能杀球。

目的:练习多拍对打以及耐力

<例2>
高水平选手"不打过顶球"

和高水平选手对打时规定对方只能低手位接球。

目的:练习多拍对打以及耐力

和高水平选手对打时,规定对方只能低手位接球

❷限定回球范围

限定高水平选手的回球范围,让高水平选手大范围地跑动,提高低水平选手回球的精准度。

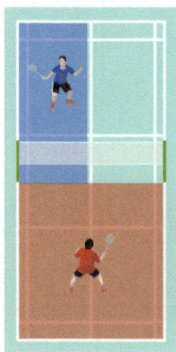

全场对 侧边半场	**全场**对 后边半场	**全场**对 前边半场	**全场**对 对角线半场

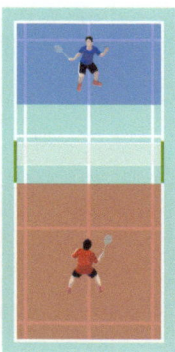

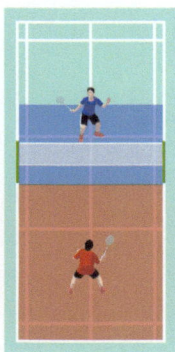

❸限定时间

<例>1名高水平选手对3~4名低水平选手

多名低水平选手轮流与高水平选手对打，如果出现失误就轮换到下一个人，在与高水平选手的对打中，提高自己的多拍对打能力。

❹限定人数

<例>1名高水平选手对3~4名低水平选手

给高水平选手设定具体的场景。高水平选手同时与多名低水平选手对打，练习中防守次数增多也需要更多的多拍对打。低水平选手刚开始失误较多，最好是 3 名低水平选手对 1 名高水平选手。

❺限定分数

<例>高水平选手从0分开始,低水平选手从18分开始

练习开始时就给低水平选手一定分数，让高水平选手尝试不同场景下的练习，低水平选手因为有了一定领先优势，在练习中也会更加积极主动。

推荐给初学者的练习

初学者间互相练习时，我建议进行同一区域内的回球练习。在刚开始的练习中，双方都将回球到相同的区域作为目标。

前场练习

后场练习

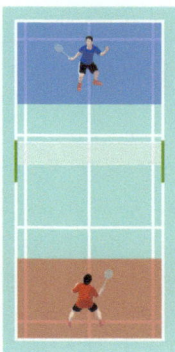

中场练习

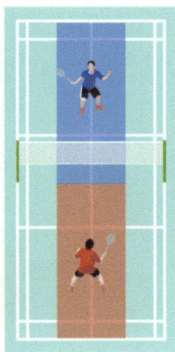

● **前场练习** 女子单打选手发球更倾向于发短球，在这一步练习中，练习回网前球。

● **后场练习** 在这一步练习中需要双方选手尽量打后场球。双打选手要练习"后场搓球"技术。

● **中场练习** 在球场中线附近练习回球。侧手球和底线球都容易失误，所以先练习好中场球。

基本打法

基本步法

基本技术综合练习

双打练习

单打练习

模拟比赛

训练计划和方案

目标 用模拟比赛数据指导选手

用数据检查选手的技术和战术

将在模拟比赛中反映出的问题，在练习中进一步强化，是很好的训练手段。在这里给大家介绍一下西武台千叶高中部的羽毛球模拟比赛的数据分析方法。

● 数据分析

右侧是根据比赛录像制作的失误分析表。失误的情况分为未过网、出界、没有击中球或其他共4类。将容易失误的区域和时间段也详细列出。这些资料是分析选手优势和劣势的第一手资料。选手印象中的失误和实际模拟比赛中的失误可能有很大出入，所以统计模拟比赛的数据就显得格外重要。

Player	A子	2016.7.5 ~ 2016.7.9		B子	C子
Games	1	Total	合计 63	B子	C子
F	失误统计 22 34.9%	9	net	7	2
F		7	out	5	2
F		4	error	3	1
F		2	others	0	2
M	失误统计 16 25.4%	0	net	0	0
M		5	out	4	1
M		8	error	4	4
M		3	others	1	2
R	失误统计 25 39.4%	6	net	5	1
R		8	out	5	3
R		3	error	3	0
R		8	others	5	5

▲ 西武台千叶高中部的羽毛球模拟比赛数据分析实例
F= 网前、M= 场地中央、R= 后场
失误类型：net= 未过网、out= 出界、error= 没有击中、others= 其他
数据解读：网前失误有22次，占总数的34.9%，数据统计中的失误包括没有注意到的失误。右侧是和其他选手的对比数据。

● 观看比赛录像

西武台千叶高中部允许选手在练习中录像。放学后选手可以观看自己的练习录像，找出问题，并在之后的练习中纠正。俱乐部成员也会一起看练习和比赛的录像，教练在观看的过程中不断地提问"下一拍该怎么打""你们猜对手下一拍会怎么打"，启发选手进行思考。

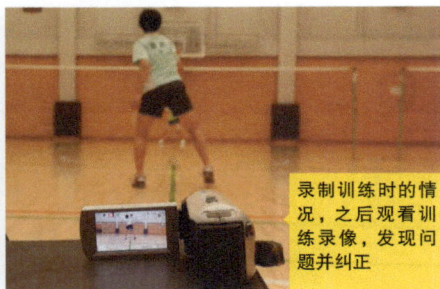

教练暂停比赛录像，向选手进行解说和提问

录制训练时的情况，之后观看训练录像，发现问题并纠正

从理论到实践

目标

了解羽毛球这项运动，提高羽毛球技术水平

了解羽毛球这项运动对提高技术有帮助

提高打羽毛球的技术和战术，一方面需要在球场上踏实训练，另一方面也需要羽毛球相关的理论知识的储备。高中阶段，教练不但要注意在球场上给予选手一定的指导，也要给选手讲解羽毛球相关的基础知识。在一个团队中，基础知识是共同目标的前提。

● 羽毛球考试

西武台千叶高中部的羽毛球俱乐部会通过理论考试的方式，提高选手对技术和战术的理解。理论考试中一方面注重正确率，另一方面注重团队内部信息的共享。通过考试来看选手与选手之间、选手与教练之间有没有很好地沟通。

> **西武台千叶高中部"双打配对考试"实例**
>
> （问题有 100 个）
> Q1 对方回网前小球时，站在该侧的选手应该（？）接球
> （1）肩部发力（2）向下看（3）准备动作（4）腿跨开
> Q2 反手杀球可以迷惑对手，这种方式在吊球和（？）时也适用。
> （1）网前球（2）发球（3）高远球（4）杀球
> Q3 前场选手不能（？）。
> （1）扑球（2）压球（3）休息（4）移动
> Q4 自己并没有意识到但是做出来的动作称为（？）。
> （1）无意识（2）下意识（3）无反应（4）没关系
> Q5 反手侧手球不容易（？）。
> （1）依赖队友（2）后场平抽球（3）不高兴（4）守在网前

答案：Q1（4）、Q2（3）、Q3（3）、Q4（2）、Q5（4）

👉 要点建议

掌握理论知识，在实践中运用

掌握羽毛球的相关理论知识，并不代表可以立马在比赛中熟练运用。向选手灌输过多的理论知识，反而会使之成为绊脚石，尤其是对小学生，不仅会让他们觉得枯燥，也无法使他们学会在实践中运用。但是高中生就可以很好地消化掉理论知识，也会对实践有所帮助。

尤其是在双打比赛中，有了基本的知识，也就知道在球场上应该扮演什么样的角色，这样两名选手便很容易配合。

基本打法 基本步法 基本技术综合练习 双打练习 单打练习 模拟比赛 训练计划和方案

159

第 7 章

训练计划和方案

一个团队或个人的训练计划该怎样设计呢？
在这里我给大家介绍按年、月、天制订的训练计划和方案。

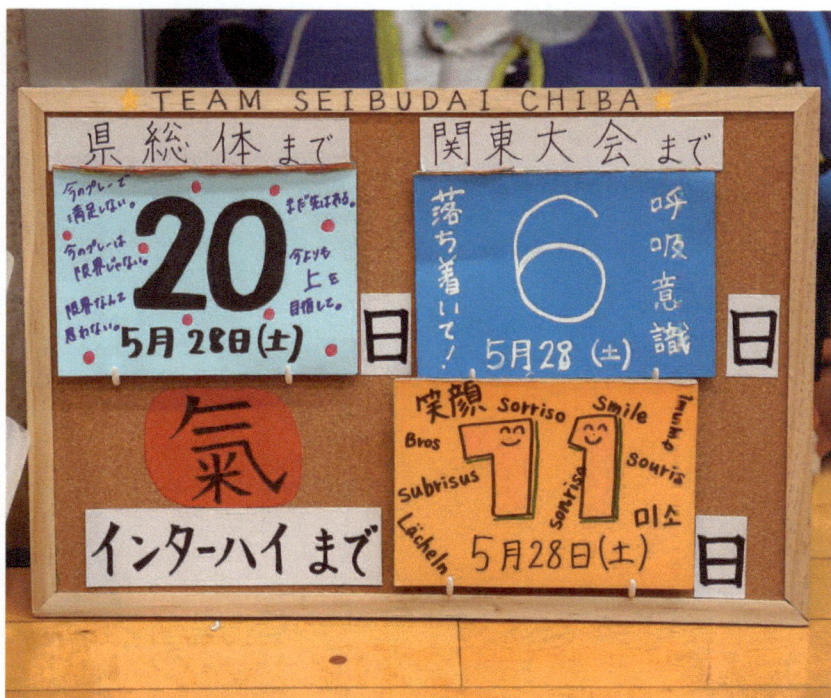

确定训练计划的方法和导向性

要培养一名优秀的羽毛球选手，从长远角度来看，需要综合选手的先天条件、后天环境等多种因素，来设计出一套完美的训练计划。如果不考虑那么多因素，只是单纯地设定每天的训练任务，选手通过长年累月的积累，也会有出色的表现。上述两种培养选手的方法没有好坏之分，但都强调了在制订训练计划之前要有问题导向性。导向性又是什么呢？我们在下文中继续说明。

1 "观察"选手的技术水平、体能状况、心理素质

2 "设计"有针对性的训练计划

3 "调整"训练计划

"观察"什么？

细心观察不但是对一名优秀教练的要求，也是对一名优秀选手的要求。自己如果可以站在客观的立场观察自己所从事的运动，并且能发现问题，也就能很快地找到解决的办法。事实上，每个人都很难客观地评价自己，也就很难正确地认识自己，这时候就需要教练从旁观者的角度提出建议。

教练在观察时，不但要注意选手的长处、短处和每一个动作细节，更要观察到选手"判断失误"的地方，初、高中生由于年龄的关系，总是不重视这些"判断失误"的地方，认为下一次一定能改正，但其实是在不断地重复这些失误。教练如果注意到这些"判断失误"的地方，在制订训练计划中就会有针对性地纠正选手的问题，对选手本人也有积极的意义。

基本打法

基本步法

基本技术综合练习

双打练习

单打练习

模拟比赛

训练计划和方案

1. 年训练计划 year

在学校羽毛球俱乐部这样的环境下，很容易给选手制订一个"一年"的计划。在制订1年的计划时要"分时期"。不同时期有不同的训练重点。

☑ 设定目标

在制订计划之前需要设定目标，这个目标可以是"在某某比赛中获胜"，也可以是"双打磨合成功"。接下来就是将大目标分为几个小目标，每个小目标分设在不同时期完成。

▼

☑ 分时间阶段

● 前期准备·训练期

前期准备主要有两项内容：一个是体能训练，良好的体能基础是从事任何一项运动都必不可少的条件；另一个是基本技术，包括基本打法和基本步法两个方面。

在训练期内，你需要将所学过的基本打法和基本步法运用到羽毛球这项运动中，并通过多种方式的练习来巩固这些技术。基本打法的巩固可以通过多球练习进行，你可以从"设定场景多球练习"开始，接下来进行"分角色多球练习"。基本步法的练习从启动步、回动步开始，双打选手还要练习双打的特有步法。经过一段时间的训练，也可以穿负重衣同时练习步法和体能。

● 模拟比赛期

模拟比赛期就是以赛代练，通常是与高水平选手不断地切磋，在比赛中发现问题，在训练中解决问题。但并不是所有的问题都可以通过模拟比赛发现，在这一时期可以运用比赛录像来具体分析选手存在的问题。

一般来说，田径选手和游泳选手的比赛成绩与状态有很大关系，而羽毛球选手除了比赛状态，心理因素也在很大程度上影响着比赛结果。我们希望选手即使身体稍有不适，但也可以凭借顽强的意志力去完成比赛。

● 调整期

目标比赛结束后，在调整期内进行休息并为下一年做准备。

如果完成了今年的预定目标，明年制订计划时就可以参照今年的计划。

年训练计划实例（西武台千叶高中部）

月份	周数	学校活动	分时期		主要内容	比赛情况	俱乐部活动
4	第1周	开学	调整期	训练期	反思·基本技术练习		赏花
	第2周						
	第3周		模拟比赛期		模拟比赛		
	第4周					关东地区各县高中预选赛	
5	第1周	模拟考试	前期准备	训练期	基本技术确认	远足集训	
	第2周				技术与多拍对打纠正		友谊赛
	第3周	定期考察	模拟比赛期		模拟比赛期	全国高中地区预选赛	
	第4周						
6	第1周		模拟比赛期		模拟比赛期	关东地区赛	
	第2周	模拟考试					
	第3周		调整期		反思·修正	全国高中各县预选赛	
	第4周		训练期		多拍对打练习		
7	第1周					全国体育大赛预选赛	
	第2周	定期考察					杜行会
	第3周		模拟比赛期		模拟比赛		
	第4周	夏季休业					
8	第1周						
	第2周		调整期		新队伍集合	全国高中赛	
	第3周		训练期	模拟比赛期	多拍对打练习·模拟比赛	全国青少年各县预选赛	集训
	第4周					全国私立高中赛	
9	第1周	模拟考试	调整期		反思·修正	关东地区综合赛	
	第2周	文化节			基本技术练习 基本步法练习		辉阳祭（文化节）
	第3周		训练期			全国青少年赛	
	第4周						
10	第1周				基本技术综合	全国体育大赛	
	第2周					全国体育大赛	
	第3周	定期考察	模拟比赛期		模拟比赛		阿尔法循环赛
	第4周					地区新手赛	
11	第1周					全国青少年大奖赛	
	第2周	模拟考试	调整期		纠正训练		循环赛（演讲会）
	第3周		训练期		基本技术练习 基本步法练习		
	第4周					各县新手赛	
12	第1周				多拍对打练习	全国大赛	
	第2周	定期考查					
	第3周		模拟比赛期		模拟比赛	关东地区高中选拔赛	
	第4周	寒假					
1	第1周		调整期		设定目标		新春练习
	第2周	模拟考试			基本技术练习 基本步法练习		年糕会
	第3周						
	第4周						
2	第1周		训练期				
	第2周	修学旅行			多拍对打练习		
	第3周	模拟考试					
	第4周						
3	第1周						
	第2周	定期考察			模拟比赛		欢迎欢送会
	第3周		模拟比赛期			阿尔法杯（练习比赛）	
	第4周	春假				全国高中选拔赛	全国高中选拔研修大会

可以制订的大目标比赛：①地区选拔赛；②全国高中选拔赛

基本打法

基本步法

基本技术综合练习

双打练习

单打练习

模拟比赛

训练计划和方案

2. 月训练计划 month

每项技战术训练需要持续两周

介绍完一年的计划方法后，我们来介绍一下为期2~4周的月训练计划如何制订。根据我的经验，"每项技术需要训练两周"。也就是说，每项技术或者战术都需要练习一定的时间才能掌握，没有持续一定时间练习的话，选手很可能没有掌握。一般来说，一个月设定两个技战术训练目标即可。

一个月的训练目标要从技术、战术、体能和状态四个方面考虑。比起一年的时间，一个月的计划可能更具体，但如果没有考虑到一些不确定的因素，可能无法顺利进行。所以比起计划要更注重实际情况，并不断地调整训练计划。

3. 日训练计划 day

每天的计划要分3层结构

选手会因为状态或者其他外界因素在每一次训练中的表现都有所不同，根据我的经验，每一次训练应该分成"热身阶段""技术练习阶段""巩固阶段"这三个阶段。

这三个阶段在一年之中不是一成不变的。比如冬天"热身阶段"时间就长，入春以后时间缩短。这时可以加入相应的力量训练（提高瞬间爆发力的训练）以及羽毛球技术以外的相关训练。另外，在临近比赛期间，热身要做专门练习，每位选手根据各自的特点进行训练。

☑ 针对不同阶段调整训练内容

训练技术时，在开始阶段主要以基础训练为主（基本步法和多球练习等），临近比赛则以开放训练为主（分组练习和模拟比赛等），但是无论在哪个阶段，都不会单一地只进行基础训练或开放训练，在开放训练中发现的问题，要通过封闭训练进行纠正，两者要互相补充、协调，才能使训练更加有效。

封闭训练
- 缺少变化，可以在相对熟练的环境中训练，通常练习比较基础的技术
- 不受外界因素影响

开放训练
- 变化多，在不可预测的环境中练习，更注意"实战"或"综合练习"
- 受外界因素影响

热身阶段

≫ 热身训练方法

　　热身训练没有非常固定的模式，每个人应该根据个人的特点进行热身。当然，外界环境的变化也要考虑在内，比如时间、季节不同，热身的项目和时间也有所不同。性别不同、年龄不同的选手的热身方式也不同。在热身中有没有需要注意的技巧呢？

　　在这里只能简单地介绍部分内容。根据我的经验，在热身训练中，有两点很重要：一是"促进血液循环"，二是"保持心态平稳"。

　　其实这两点也可以说是一个问题的两个方面，互为补充。大赛前由于紧张等心理因素，呼吸快而浅，使体内进入大量氧气，呼出大量二氧化碳。二氧化碳呼出过多，会使血流中的二氧化碳失去平衡，时间一长，中枢神经便会迅速做出抑制的保护性反应，判断和动作都会迟缓。为了防止这种情况的发生，就需要通过热身来放松。

≫ 利用呼吸进行心理调节

　　利用呼吸调节心理状态，这是选手临场处理情绪波动的一种心理调节方法，即通过深呼吸使选手的情绪稳定下来。当情绪紧张、激动时，呼吸短促，这时可以采用缓慢的呼气和吸气练习，达到放松情绪的目的。当情绪低沉时，可以采用长吸气与有力的呼气练习，提高情绪的兴奋水平。

≫ 热身训练

　　热身不只是调整呼吸或让身体出汗，同样还需要提前进行一些动作、步法等分解动作的练习，以及动作整合性的练习，并将对战训练中的整套动作和心理活动进行还原再现。

≫ 喊出来

　　为了提高士气，减少赛前的紧张情绪，一定要喊出来。尤其在团体比赛中，喊出来也是给自己增加信心。

　　喊出声音后呼吸放缓，对于中枢神经的平衡性也可以起到保护作用。

基本打法

基本步法

基本技术综合练习

双打练习

单打练习

模拟比赛

训练计划和方案

☑ 针对不同问题，如何制订计划？

对于训练内容即训练菜单，该如何制订呢？在制订训练计划之前，我认为第一步就是"观察"。教练让选手将观察到的问题及时纠正是不太现实的，所以，首先应该通过和其他教练以及家长沟通找出产生问题的原因，并找到合理的解决方案。当然更直接、有效的办法是，从选手本人那里寻找答案。

可以直接或间接地了解选手本人的想法，例如觉得自己哪里不擅长，需要怎样的训练等。

实际上，选手本人很多时候也不是"很清楚问题在哪里"。这时，他人站在客观的立场帮助选手发现问题就显得尤为重要。所以教练和选手之间针对训练重点进行磨合也是十分重要的课题。

☑ 以训练计划为基础，更要根据实际情况做出调整

虽然制订了训练计划，但也未必能百分之百地实施。理论是一方面，实践又是另一回事。比赛或学校的活动都会使训练计划受到不同程度的影响。所以在制订训练计划的时候要考虑到不确定因素。受到其他活动的影响，打乱了训练计划，该如何做调整？根据我的个人经验，有下一页所叙述的一些注意内容。

☑ 训练内容和训练目的要不断调整

训练计划由教练制订，但是选手也可以提出个人的想法，而不是教练说什么就做什么，双方需要在不断地磨合中提高训练质量。

一年中虽然分了几个时期，但是由于比赛较多，其实训练也都是以比赛为分节点的循环。只不过有时候训练期长，有时候模拟比赛期长。教练和选手要适应这种变化，在训练内容和目的方面不断地做出调整。

☑ 训练目标要贯彻始终

如果没有明确的训练目标，训练的效果也会下降。前往目的地的旅途不会一帆风顺，但只要坚持下去，就会有收获。

所以无论是选手还是教练，都要有目标意识，双方要有共同的目标，并为了这个目标不断地努力和坚持。

☑ 螺旋式成长

虽然有年计划的存在，但其实每年都在重复相同的训练模式。选手的提高也不是线性的，而是螺旋式的。教练一定要明白，选手的成长过程必定伴随着曲折、挫折、停滞不前甚至是倒退，其发展轨迹不可能是呈一条上升趋势的直线。对于一项技术，选手在一年级的时候是"完全不会"，二年级"开始入门"，到了三年级选手就可以"上场比赛了"，随着时间的推移，技术水平在不断地提高，选手本人也能感觉到这种变化。

俱乐部是学校中打破年级分化，让不同年级的学生可以在一起活动的一个地方，当然这也是一个可以结交朋友的地方。

勇于尝试灵机一动的想法

有时我们脑海中会闪现一些训练想法，我们称之为"灵机一动的训练想法"。对于这些"灵机一动的训练想法"，我的处理办法是马上付诸行动，虽然有选手反映训练效果不好而最终搁浅的例子，但我认为这是制订一个好的训练方案的过程中必不可少的一步。

经常有人认为"只要这样做就一定能成功"，但是在生活中做任何事情都是没有捷径的，在羽毛球运动中也是如此。无论是选手还是教练，在成功的道路上"尝试和失败"都是必须要经历的一个过程。

基本打法

基本步法

基本技术综合练习

双打练习

单打练习

模拟比赛

训练计划和方案

167

5. 训练方案实例

给大家介绍一下西武台千叶高中羽毛球部某天训练内容中的 4 个模式。

● 实例1　训练期 /4 月第 1 周 开学后某天

新学年开学后，一方面新晋选手人数很多，另一方面对于老队员来说又进入了"春季比赛期"。所以训练方案要从"两个方面考虑"。一方面从团队考虑，全员参与所有的训练项目，在这一天所有人都要学习整个队伍的"特殊用语"。另一方面老队员进行常规训练，新晋选手可以在旁边进行观摩学习。

练习时间：3~6小时

＊周内放学后约3小时，休息日约6小时。

训练项目			5分钟左右
热身	体操		10~30分钟
训练	弹跳训练	选择性训练	
阶段	Menu034~Menu039　Menu028~Menu033	全选择训练	
部分基本步法	Menu044~Menu057	全选择训练	＊根据训练目标调整训练时间
基本步法	Menu058~Menu062	选择性训练	
多球训练	Menu064~Menu073	选择性训练	
进一步练习	Menu078~Menu080	选择性训练	
双打训练	Menu092~Menu099	选择性训练	
单打训练	Menu111~Menu113	选择性训练	
巩固阶段	跑步·体操		5分钟左右
总结			5分钟左右

● 实例2　模拟比赛期 /7 月中旬 大赛前某天

为夏季联赛进行准备的"模拟比赛期"，训练强度要比一般训练大，也更注重选手的个人特点，在模拟比赛中要给选手设定陷入被动的局面，选手还要练习击球的精摩度，团队内部也要互相"鼓舞士气"。单打选手可以进行分组模拟循环赛。

练习时间：3~6小时

＊周内放学后约3小时，休息日约6小时。

训练项目			5分钟左右
热身	每项15分钟左右		10~30分钟
训练	练习不同位置击球方法，共15~30分钟		
进一步练习	Menu078~Menu080	选择性训练	
双打训练（开球）	Menu100~Menu103	选择性训练	＊根据训练目标调整训练时间
双打训练（多拍对打到模拟比赛）	Menu097~Menu099　Menu104~Menu107　模拟比赛	选择性训练	
单打训练（分组练习到模拟比赛）	Menu114~Menu123　模拟比赛	选择性训练	
设定被动局面练习	Menu124~Menu126	选择性训练	
强化训练（根据模拟比赛情况）	Menu064~Menu077　Menu081~Menu091	选择性训练	
巩固阶段	跑步·体操		5分钟左右
总结			5分钟左右

基本打法

基本步法

基本技术综合练习

双打练习

单打练习

模拟比赛

训练计划和方案

● 图表说明

每天的训练内容都不是一成不变的，每项训练项目时间都可以根据训练项目的不同进行调整。选择性训练和全选性训练是根据前面 Menu 的内容进行的。

● 备忘录

一般根据选手的体能状况训练50分钟，休息10分钟。但也要根据训练的内容和场地情况进行调整。在休息时注意水分的补充。

● 实例3　调整期 /8 月中旬 暑假某天

利用暑假时间制订一个"新的团队训练计划"。因为训练时间很充分，可以"专门攻克一项技术"，也可以"多项技术交叉进行"。在暑假多进行打法练习，少进行步法练习。教练与新晋选手也要注意

磨合。新晋选手的进展水平不一，教练要注意做好心理疏导工作。

练习时间：5~8小时

＊暑假训练时间较长。

训练项目			5分钟左右
热身	体操		10~30分钟
阶段	Menu034～Menu039　Menu028～Menu033	选择性训练	＊根据训练目标调整训练时间
基本步法	Menu058～Menu062	选择性训练	
多球训练①	Menu022～Menu027 初学者从Menu001～Menu021中选择	选择性训练	
多球训练②	Menu064～Menu077	选择性训练	
双打训练	Menu081～Menu099	选择性训练	
单打训练	Menu111～Menu123	选择性训练	
巩固阶段	体操		5分钟左右
总结			5分钟左右

● 实例4　训练期 /1 月中旬 寒冷的一天

天气寒冷，又没有重大比赛，选手的训练情绪可能也不高。这个阶段应该注意"预防伤病"和"增强体能训练"。通常增强体能的训练，例如跑步或肌肉锻炼等，可以提高选手的体能储备，但

是要注意男女选手的体能训练有所差别。

练习时间：3~6小时

＊周内放学后约3小时，休息日约6小时。

训练项目			5分钟左右
热身	体操·5~15分钟跑步热身		10~30分钟
基本打法①	冲刺跑·器械练习		
步骤	Menu034～Menu039　Menu028～Menu033 Menu040～Menu043	全选性训练	
部分步法	Menu044～Menu057	全选性训练	
基本步法	Menu058～Menu062	选择性训练	＊根据训练目标调整训练时间
多球练习	Menu064～Menu077	选择性训练	
单打练习(按步骤)	Menu081～Menu099	选择性训练	
双打练习(分组)	Menu114～Menu123	选择性训练	
被动局面练习	Menu124～Menu126	选择性训练	
基本打法②	冲刺跑·拉伸	选择性训练	
冷身	跑步·体操		5分钟左右
总结			5分钟左右

169

俱乐部需要用心培养选手

　　每一个俱乐部都想培养出优秀的羽毛球选手，但不是光想想就能实现的，功夫在平时。教练和选手的磨合情况，在训练中遇到了多少困难，又如何克服，这些都关系到如何培养出一名优秀的选手。在这里我向大家介绍一下我们俱乐部的一些情况。

● 设立共同的目标

　　学校有"校训"，公司有"社训"，一个俱乐部也有俱乐部的"部训"。"部训"就是在任何时候都可以起到警醒每位成员作用的东西。

　　另外，挂倒计时牌也会给选手紧迫感，督促球员按计划完成的练习。

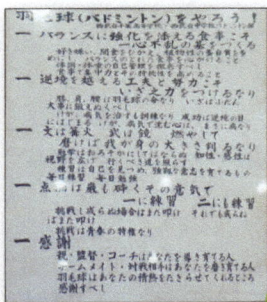

▲ 西武台千叶高中的体育馆墙
上贴的"部训"

一起来打羽毛球
西武台千叶初中部和高中部羽毛球俱乐部部训精华

——合理饮食
多吃含植物性蛋白的食物，少吃零食，不挑食
注意营养搭配
注意控制体重

——克服困难
注意保护好膝盖、肩部和腰部，平时注意锻炼身体
生病也要坚持训练
不能因为生病就意志消沉
成功都是由失败开始的

● 利用好集训

　　西武台千叶高中一年有一次集训，集训时间是在8月中旬，全国高中大赛结束后——也是新团队参加的本年度第一项大赛后，目的是让俱乐部成员们通过"吃在一起，住在一起"，互相磨合。当然，新的队伍也有新的队长，每一任队长都会在这期间尝试团结队伍，并留下珍贵的资料，也作为给下任队长的参考。

　　通过一次集训，队伍也许不可能就突然变得特别团结，但是这样的活动加强了队员间的交流，为团队的进一步发展打下了良好的基础。

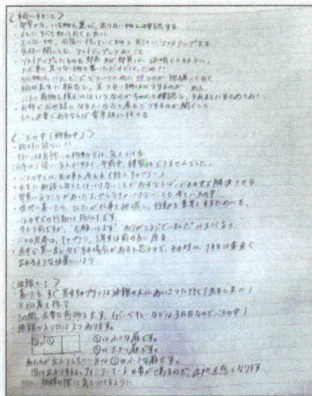

▶ 历任队长的带队笔记中，都会
记录一些重要内容

教练的平常心得

不能把会打羽毛球和会教别人打羽毛球混为一谈。你打羽毛球的水平很高并不能代表你教别人打羽毛球的水平也很高。

身为一名教练，针对不同水平的选手，指导的方式也不尽相同。指导有一定基础并且想提高个人水平的选手，其实就那么"几招"；而指导一名从未接触过羽毛球的选手也不是什么难事，其实指导的过程就是一个双方互动交流的过程，只要双方可以顺利交流，指导就有意义。

不忘初心 方得始终

佛家箴言："不忘初心，方得始终。"选手从拿起球拍的那一刻起，其实也就是一次对生命的拷问。所谓初心，大概是所有人最初的理想、目标和准则。在经过风雨的吹打、岁月的洗礼后，是否能够"我心依旧"？

作为一名教练也需要"初心"，无论遇到什么问题，什么困难，都能为选手的最终成才助一臂之力。

三个重要

在指导选手的过程中，我认为有三点很重要，列出来供大家参考。

第一点是永远不要让选手失去信心。一名选手从完全不会到具有一定水平，肯定是要花费一定时间的，而且这个过程也不是直线式进步，选手出现退步，甚至怎么都掌握不好一个技巧的情况都是有可能出现的。选手在团队中和他人进行比较，因为技不如人而自暴自弃，与他人发生冲突的情况也是有可能的。在运动生涯中，如果你自己都放弃自己了，那谁也拯救不了你。但是选手年龄还小，尚未成熟，需要教练及时进行心理疏导，不要让选手失去信心。

第二点是进行团队训练。在团队中进行训练效率更高。初学者肯定有很多棘手的问题，我认为，团队训练可以缓解初学者在遇到问题时的不安和紧张的情绪。而有一定经验的选手应该也希望有很多教练给予指导。

第三点是比起用晦涩的语言去解释清楚一个问题，不如用团队内的"暗语"让大家领会。在我看来，无论是艺术还是体育运动，有些技能是无法用言语描述的，这时候需要团队内部创造一些"暗语"，选手通过"暗语"来联想具体的意思。年轻选手理解"暗语"的能力比较差，所以与他们交流时也要注意语言的选择。

基本打法

基本步法

基本技术综合练习

双打练习

单打练习

模拟比赛

训练计划和方案

选手在比赛中没有意识到的问题

羽毛球比赛是和对手的较量，不是一个人的花式表演

一般任何一名选手，看到自己的名字出现在地区比赛或者县级比赛的成绩单上时，都是不可能保持完全镇定的。看到自己名字的那一刻，即使平时训练刻苦的选手也会感到不安，反思自己，觉得自己"还没有准备好""要是自己再努力些就好啦"等。在这种情况下我总是会直截了当地问选手"你为什么没有赢得比赛"，选手们的回答一般都是"自己失误过多"，那么"又为什么会出现那样的失误呢"，没有一个选手给过我满意的答案。

仔细观看比赛过程就会发现，选手因为太想赢得比赛所以总是对自己要求过于完美，在比赛中他们会要求自己"尽量打到边线""这次击球挥拍速度要快"等。选手们的心情我可以理解，但是过于完美的要求只是选手自以为是的赢得比赛的方法，事实上却造成多次失误，而多次失误导致的后果就是选手的心理恐惧。

所以我要强调的是，羽毛球不是你一个人的单打独斗，你还有一名对手存在。初学者都会尽全力打好自己"这一拍"，不要忘了自己能打这一拍是建立在对手回球且需要你击球的前提之下。选手总是希望自己打的这一拍可以"马上到关键分"，或者是"在激烈的比赛中展现自己的能力"，也正是这种紧张不安的情绪才造成选手失误。

在前面的内容中我也强调过要预测"未来三拍"。自己所打的"第一拍"要限制对手"第二拍"的发挥，而"第三拍"更要让自己掌握完全主动权。在比赛中不只要关注自己，还要关注对手，才能防止失误，也才能更好地感受羽毛球这项运动。对初学者而言，能把球回到对手场地，在一来一回中感受羽毛球运动的快乐是最重要的。

没有过多思考,却打得很漂亮的选手是如何做到的?
练习不受外界影响的能力

"感觉那名选手打球时脑袋很清醒。"

在观看比赛时我们经常能听到这样的赞美。学习方面的脑子好和运动方面的脑子好肯定不是一回事儿,我们在这里要强调的是运动方面的脑子好。

我们的运动受大脑和小脑的控制。举个日常生活中的例子,"走路"这个动作就是无意识的,让你"迈左脚的同时伸左手"你也会觉得很别扭。训练的目的就是让你将动作刻在脑中,成为下意识的运动记忆。

我们用"蜡烛的火焰"来解释这种脑控制运动的过程。外界环境稳定,火焰也纹丝不动,但是稍有风吹草动,火焰也会跟着翩翩起舞。再回归到打羽毛球这件事上,我们的思考在大脑皮层,而运动也受到大脑皮层的控制,因为在同一个分区,所以即使是简单的思考也会像狂风暴雨般影响我们的运动。

还有一个影响运动机能的重要因素就是"感情因素"。"恐惧"的心理就像狂风暴雨,在和强敌对阵时,总会感到紧张,也经常失误百出。不仅是"恐惧","没关系,还有机会"以及"马上到赛点了"这些情绪上的波动都会影响运动机能的效果。

出现上述状况该怎么办呢?我认为选手应该练就"不为外界干扰的内心,专心于羽毛球"。即使对教练而言这也是有难度的。但也有教练一生都奉献于羽毛球这项事业,一直都很专注。

173

CONCLUSION

结束语

羽毛球像鸟一样向上飞
找准击球位置后起跳
挥拍的瞬间
汗水洒落的声音响彻球场
举起球拍后杀球
球冲向对手
得分
不，还没有得分
赶到边线的对手
球拍触碰到了羽毛球
球又被打了回来
机会来啦
在网前进攻
飞滚而下的羽毛球
又被对手挑起
在空中飞起的羽毛球
是那么耀眼

羽毛球这项运动的魅力在于对抗的激烈性，在于杀球瞬间球拍发出的声音，在于移动中鞋子与地面接触富有节奏感的摩擦，也正是这些鼓舞着选手不断进取。

但是理想和现实之间总有差距，技术不过关的时候就会陷入苦恼。希望这本书能在你苦恼的时候给你指明前进的方向。

球场上，大汗淋漓的选手
握手、拥抱
观众起立全力鼓掌

打羽毛球的过程不只是痛苦的过程，在这个过程中，不但可以学习新的技能，还能挖掘个人潜能，与别人一起训练，共享"幸福"的时光。

无论你是羽毛球新手，还是有基础的羽毛球选手，或者是指导选手的教练，我都希望这本书能对你有所帮助。

希望你能从这本书的字里行间发现更多羽毛球的魅力所在。

羽毛球，嗨起来！

高濑秀雄

作者
高濑秀雄　たかせ・ひでお

出生于1961年，有指导初中、高中羽毛球选手的经验，现担任西武台千叶初中部和高中部羽毛球顾问一职。指导的女子选手参加高中女子校际对抗赛18次，全国选拔赛14次；指导的男子选手也多次参加全国性比赛。具有丰富的"指导新人"的经验，此外还担任千叶县野田市 NPO 法人"阿尔法羽毛球圈子"的青少年选手教练。

协助拍摄：西武台千叶初中部和高中部羽毛球选手

图书在版编目（CIP）数据

羽毛球训练图解：126个练习快速提升基础与实战技巧 / （日）高濑秀雄著；刘丹丹译. -- 北京：人民邮电出版社，2018.5（2024.5重印）
ISBN 978-7-115-48143-6

Ⅰ. ①羽… Ⅱ. ①高… ②刘… Ⅲ. ①羽毛球运动—运动训练—图解 Ⅳ. ①G847.2-64

中国版本图书馆CIP数据核字(2018)第057908号

免责声明

作者和出版商都已尽可能确保本书技术上的准确性以及合理性，并特别声明，不会承担由于使用本出版物中的材料而遭受的任何损伤所直接或间接产生的与个人或团体相关的一切责任、损失或风险。

内 容 提 要

本书是关于羽毛球技术提升系统练习方法的指导书，全书涵盖羽毛球的基本打法、基本步法、基本技术综合练习、双打练习、单打练习、模拟比赛以及训练计划和方案的内容，用分步骤图解形式直观呈现了从基本技术到比赛实战演练的完整的羽毛球训练内容，是羽毛球选手、教练和爱好者不可多得的羽毛球教科书。

◆ 著　　　　[日] 高濑秀雄
　　译　　　　刘丹丹
　　责任编辑　寇佳音
　　责任印制　周昇亮

◆ 人民邮电出版社出版发行　　北京市丰台区成寿寺路 11 号
　　邮编　100164　　电子邮件　315@ptpress.com.cn
　　网址　http://www.ptpress.com.cn
　　北京虎彩文化传播有限公司印刷

◆ 开本：700×1000　1/16
　　印张：11　　　　　　　　　　　2018 年 5 月第 1 版
　　字数：222 千字　　　　　　　　2024 年 5 月北京第16次印刷
　　著作权合同登记号　图字：01-2017-1128 号

定价：58.00 元

读者服务热线：(010)81055296　印装质量热线：(010)81055316
反盗版热线：(010)81055315
广告经营许可证：京东市监广登字 20170147 号